EL MISTERIO *de* CRISTO

WATCHMAN NEE

Living Stream Ministry
Anaheim, California

Primera edición: Junio de 1997.

ISBN 1-57593-395-0

Traducido del inglés
Título original: *The Mystery of Christ*
(Spanish Translation)

Publicado por

Living Stream Ministry
1853 W. Ball Road, Anaheim, CA 92804 U.S.A.
P. O. Box 2121, Anaheim, CA 92814 U.S.A.

Impreso en los Estados Unidos de América

97 98 99 00 01 02 / 9 8 7 6 5 4 3 2 1

CONTENIDO

PREFACIO

Este libro se compone de los mensajes que dio Watchman Nee en Shanghai en 1939 acerca del misterio de Cristo. El contenido es el producto de la recopilación de las notas tomadas por K. H. Weigh.

CAPITULO UNO

EL MISTERIO DE CRISTO

Lectura bíblica: Ef. 3:4-6; Jn. 12:32; Lc. 12:50-52

EL MISTERIO ESCONDIDO POR LAS EDADES

En Efesios 3:4-6 Pablo habla de su conocimiento en el misterio de Cristo. Este misterio no se dio a conocer a los hijos de los hombres en otras generaciones. Los hombres de la antigüedad no supieron acerca del misterio que Dios reveló a Pablo, el cual consiste en que judíos y gentiles llegan a ser un solo y nuevo hombre en Cristo Jesús. Este es el Cristo corporativo, la iglesia. El versículo 6 es un versículo muy valioso. La palabra "copartícipes" se refiere al nuevo hombre de Efesios 2:15. El nuevo hombre está en contraste con el viejo hombre. Aunque hay muchos individuos en este mundo, sólo hay un solo viejo hombre. De la misma forma, aunque hay muchos cristianos, sólo existe un nuevo hombre: la iglesia.

UN SOLO Y NUEVO HOMBRE

A fin de poder entender lo que es el nuevo hombre, primero debemos entender lo que es el viejo hombre. El viejo hombre es el hombre que Dios creó y que cayó por el pecado. Todo el que está en Adán, no sólo es pecador delante de Dios, sino también el viejo hombre. Cuando el pecador, el viejo hombre, escucha el evangelio, cree en Cristo y es salvo, llega a ser un nuevo hombre. No sólo llega a ser un nuevo hombre a un nivel individual, sino que se une a todos los demás cristianos, quienes a su vez constituyen un solo y nuevo hombre corporativo. Efesios 1 habla de la iglesia como el Cuerpo de Cristo; el capítulo dos, de la iglesia como el nuevo hombre; el capítulo tres, del misterio de Cristo; el capítulo cuatro, de la manera de edificar el Cuerpo de Cristo; el capítulo cinco, de la responsabilidad de la iglesia, y el capítulo seis, de la guerra espiritual que libra la iglesia. La cumbre de la obra de Dios es la iglesia, la cual es el nuevo hombre. Dios nos salva a fin de que lleguemos a ser un nuevo hombre en Cristo.

Existe una gran falla entre los cristianos hoy, la cual es que todos quieren ser cristianos individuales. Desean ser buenos y tener celo; quieren sentarse a escuchar buenos sermones. En pocas palabras, todos quieren ser cristianos en su individualidad. Pero Dios no desea que seamos simplemente buenos individuos. El anhela tener un vaso corporativo que destruya a Satanás y logre Su plan. Dios no quiere que Sus hijos estén esparcidos como un montón de granos de arena. El quiere que los cristianos se unan para conformar un nuevo hombre corporativo.

¿QUE ES EL NUEVO HOMBRE?

Efesios 2 dice que Dios creó un nuevo hombre de dos grupos de personas, pero no nos dice cómo es el nuevo hombre. Según Colosenses 3:10-12, el nuevo hombre se renueva hasta el pleno conocimiento, según la imagen del que lo creó. En el nuevo hombre no hay griego ni judío, circuncisión ni incircuncisión, bárbaro ni escita, esclavo ni libre, sino que Cristo es el todo, y en todos. En el nuevo hombre las distinciones no tienen absolutamente ninguna importancia; uno es el nuevo hombre o no es nada. En la esfera del nuevo hombre ser griego o judío no tiene ninguna validez. El nuevo hombre es simplemente Cristo. La naturaleza del nuevo hombre es Cristo. En el nuevo hombre Cristo lo es todo y está en todos. Hasta podemos atrevernos a decir que Cristo es la iglesia y que la iglesia es Cristo, porque todo lo que hay en el nuevo hombre, la iglesia, no es otra cosa que Cristo. El nuevo hombre está constituido exclusivamente de Cristo mismo.

LA IGLESIA ES CRISTO

Puesto que la naturaleza del nuevo hombre, la iglesia, es Cristo, podemos decir que la iglesia es Cristo. Veamos dos pasajes. En Lucas 12:50-51 el Señor dijo: “De un bautismo tengo que ser bautizado … ¿Pensáis que he venido para dar paz en la tierra? Os digo: No, sino más bien división”. ¿Por qué dijo esto el Señor? El dijo esto porque antes había dicho que echaría fuego sobre la tierra. Este fuego es el fuego de la vida de Dios. Esto significa que derramaría Su vida sobre la tierra para que todos los que en El creyeran fueran regenerados y recibieran la vida de Dios. Sin embargo, esto sólo podía cumplirse después de Su bautismo, el cual se relaciona con Su crucifixión. Juan 12 revela que la iglesia se produce por medio de la muerte y la resurrección de Cristo. El es el grano de trigo que cayó en la tierra, murió y produjo en Su resurrección muchos granos, los cuales son la iglesia. En estos dos pasajes podemos ver que la iglesia es producida por la vida de Cristo. Por medio de Su muerte y resurrección, El vertió Su vida y la impartió a los creyentes. Entonces estos creyentes son unidos para así constituir la iglesia.

LA IGLESIA ES EL CRISTO CORPORATIVO

En el Nuevo Testamento hay dos maneras de ver a Cristo. Por una parte, El es Jesucristo, el nazareno; éste es el Cristo individual. Por otra parte, El es Cristo y la iglesia, el Cristo corporativo. En 1 Corintios 12:12 se hace alusión al segundo aspecto de este modo: "Porque así como el cuerpo es uno, y tiene muchos miembros, pero todos los miembros del cuerpo, siendo muchos son un solo cuerpo, así también el Cristo". Nada que no sea parte de Cristo puede ser la iglesia. Sólo hay algo en el cristiano que forma parte de la iglesia: Cristo. La iglesia es el Cristo corporativo. En la iglesia sólo existe Cristo. En la reunión del partimiento del pan, la porción del pan que partimos también representa el Cuerpo de Cristo, la iglesia. La iglesia no es algo que se añade a Cristo, sino lo que procede de Cristo.

Hoy en día hay divisiones entre los hijos de Dios debido a que hay diferentes organizaciones, puntos de vista, conceptos, gustos, preferencias y doctrinas. Pero a los ojos de Dios la iglesia es indisoluble. Todas estas diferencias son exclusivamente externas; no son diferencias de la realidad intrínseca de la iglesia. La iglesia es la composición de todos los creyentes con Cristo. Ella es el Cristo corporativo. Cuando todos los santos se unen en Cristo, se obtiene la iglesia. Puesto que hay un solo Cristo, solamente puede existir una sola iglesia. Por lo tanto, la iglesia es indivisible e indisoluble.

CAPITULO DOS

EL CUERPO DE CRISTO

Lectura bíblica: Ef. 3:4-6; Col. 3:4-11; Ro. 12:3-5

LA IGLESIA COMO CUERPO DE CRISTO

En este mensaje hablaremos sobre el Cuerpo de Cristo. En el Nuevo Testamento, Pablo fue el único apóstol que usó la expresión *el Cuerpo de Cristo* para referirse a la iglesia. En otros pasajes del Nuevo Testamento, la iglesia es llamada el templo de Dios, la casa de Dios, etc. Pero Pablo dijo específicamente que la iglesia es el Cuerpo de Cristo. El tema que tratamos no es cómo llegar a ser hijos de Dios o cómo llegar a ser cristianos. Estamos hablando de la manera en que la iglesia viene a ser el Cuerpo de Cristo. Podemos decir que la iglesia es Cristo en una forma diferente. Cristo era el Hijo unigénito de Dios. Ahora ha venido a ser el Primogénito. Cristo, junto con todos los demás hijos, la iglesia, conforma el Cuerpo único. No existen individuos en la iglesia; en ella sólo está Cristo. Todo lo que procede de Cristo constituye la iglesia. La iglesia proviene exclusivamente de Cristo, y está perfectamente unida a Cristo. No hay necesidad de que un cristiano haga algo ni que cambie en algo a fin de poder estar en Cristo. Si un hombre es regenerado, está en Cristo y viene a ser parte del Cuerpo de Cristo.

EL CUERPO DE CRISTO SE RELACIONA CON LA VIDA

La iglesia como Cuerpo de Cristo se relaciona estrechamente con la vida. La iglesia como Cuerpo de Cristo no es una doctrina, sino un asunto de vida. Un hombre no puede llegar a ser parte del Cuerpo de Cristo solamente por tener entendimiento al respecto. El viene a ser parte del Cuerpo de Cristo por medio de la regeneración. Esto es un asunto exclusivamente de vida; no tiene nada que ver con doctrinas ni con conocimiento. Como cristianos, necesitamos desesperadamente ver el Cuerpo de Cristo. Pero la única manera de ver el Cuerpo de Cristo es recibir una revelación de parte de Dios. No podemos entender el Cuerpo de Cristo con nuestra mente. Aun si tenemos todo el conocimiento acerca del Cuerpo de Cristo, es posible que no hayamos visto ni tocado la realidad del Cuerpo. Sólo aquellos que han recibido una revelación de parte de Dios pueden ver el Cuerpo de Cristo, y solamente ellos podrán entrar en la realidad del Cuerpo.

Romanos 12 nos dice que la iglesia es el Cuerpo de Cristo, pero no dice de qué manera la iglesia llega a serlo. A fin de entender cómo llega la iglesia a ser el Cuerpo de Cristo, necesitamos entender los capítulos del cinco al ocho de Romanos. El capítulo cinco nos dice que todos los hombres se encuentran unidos a Adán y que la vida del hombre se deriva de Adán. Por causa de la caída de Adán, todos los hombres han venido a ser pecadores y se han unido al viejo hombre. El capítulo seis nos dice que el viejo hombre debe llegar a su fin, debe ser crucificado con Cristo. Por medio de la redención que Cristo efectuó, morimos y resucitamos. El capítulo siete dice que el hombre no debe vivir conforme a la carne, sino según el Espíritu. El capítulo ocho pasa a explicar cómo podemos vivir conforme al Espíritu.

EL CUERPO DE CRISTO ES LA CONSUMACION DE LA OBRA DE LA CRUZ

La consumación de la obra de la cruz es la iglesia. La obra de la cruz abarca hasta el Cuerpo de Cristo y tiene como consumación el Cuerpo de Cristo. Por consiguiente, el conocimiento de la cruz nos lleva al conocimiento del Cuerpo de Cristo. La cruz conduce al hombre a un estado de debilidad e incapacidad, en el que pierde toda esperanza en la vieja creación. Cuando llega a este punto, es verdaderamente librado de la vieja creación y es introducido en la nueva creación. Todo lo que pertenece a la vieja creación quedó condenado y terminado por la cruz. El Cuerpo de Cristo es la nueva creación y no tiene nada que ver con la vieja creación. Si recurrimos a métodos, tácticas y recursos humanos (los cuales tal vez utilizábamos antes) para resolver los asuntos de la iglesia, el resultado será un desastre. Dios no aprueba nada que provenga de la vieja creación, ni permitirá que nada de la vieja creación permanezca en la nueva creación. Todo lo que sea de la vieja creación, debe pasar por la cruz y quedarse allí. La iglesia no recibe beneficio alguno de lo que proviene del viejo hombre. La iglesia sólo recibe lo que procede de Cristo.

Cuando el hombre cayó, cayó por causa de sus conceptos, preferencias y juicios. Por eso, Dios no permitirá que predomine nada que provenga de la vieja creación. La determinación del hombre natural debe ser quebrantada; debe ser herido en el encaje de su muslo. Para someterse a Dios el hombre primero tiene que quedar lisiado y estrellarse contra el suelo. Esto es lo que Dios está llevando a cabo en la nueva creación. El está poniendo fin a todo lo que sea de la vieja creación, y nos está constituyendo de todo lo que procede de Cristo para que lleguemos a ser el Cuerpo de Cristo en la práctica. Hace doce años pude ver, en Filipenses 3, Romanos 5 y Juan 5, la maldad que hay en la carne del hombre. Durante siete meses tuve temor de iniciar cualquier acción, porque sabía que todo lo que proviene de la carne es rechazado por Dios. Dios quiere despojar al hombre de todo lo que proviene de su carne. Los hijos de Dios deben, en primer lugar, poner fin a su vida natural. Si lo hacen, espontáneamente estarán en el Cuerpo, porque el Cuerpo de Cristo se compone de todo lo que procede de Cristo. Nada de lo que pertenezca al viejo hombre puede permanecer en el Cuerpo. Una vez que el hombre pasa por la experiencia de Romanos 5—8, puede entrar en la experiencia de Romanos 12.

En la actualidad la iglesia está dividida porque los cristianos viven en la esfera incorrecta. Los cristianos no viven en la nueva creación ni en la realidad del Cuerpo de Cristo. Solamente viven en la superficialidad de las doctrinas, lo cual pertenece a la vida natural del hombre y es parte de la vejez del hombre. Si todos los cristianos estuviesen dispuestos a ser terminados, a abandonar las cosas naturales y a dejar atrás la vieja creación, y si cada uno de ellos estuviese dispuesto a vivir en la realidad del Cuerpo de Cristo, no habría más divisiones. Que el Señor tenga misericordia de nosotros para que podamos ver lo que es el Cuerpo de Cristo. Que la obra de la cruz nos introduzca en el Cuerpo de Cristo.

CAPITULO TRES

LA DIFERENCIA ENTRE SER UN CREYENTE Y SER UN MIEMBRO

Lectura bíblica: Ef. 3:3-6; 4:15-16; Col. 3:10-11; Ro. 12:4-5; 1 Co. 12:4-16, 20, 26

En los dos mensajes anteriores vimos que la iglesia es el Cristo corporativo, y también vimos que a fin de conocer el Cuerpo de Cristo, tenemos que poner fin a nuestra vida natural.

EL CUERPO DE CRISTO ES LA EXPRESION DE CRISTO

¿Qué es el Cuerpo de Cristo? El Cuerpo de Cristo es la continuación de la vida de El sobre la tierra. Cuando Cristo vino y vivió en la tierra, se expresó por medio de Su cuerpo. Hoy El sigue necesitando un cuerpo para poder expresarse. De la misma forma que un hombre necesita de un cuerpo para expresar todo lo que es, Cristo necesita un cuerpo para poder expresarse. La función del Cuerpo es ser la plena expresión de Cristo. Así como no podemos manifestar nuestra personalidad por medio de un solo miembro de nuestro cuerpo —los oídos, la boca, los ojos, las manos o los pies—, Cristo tampoco puede manifestar Su personalidad por medio de un solo miembro de Su Cuerpo. Se requiere de todo Su Cuerpo para manifestarlo a El. Debemos ver que todo lo relacionado con Cristo se expresa por medio de Su Cuerpo. Pero esto no es todo. El Cuerpo de Cristo es la extensión y la continuación de Cristo sobre la tierra. El pasó más de treinta años sobre la tierra en los cuales se reveló a Sí mismo. El hizo esto como el Cristo individual. Ahora El se revela por medio de la iglesia. Este es el Cristo corporativo. Antes, Cristo se expresaba individualmente; ahora se expresa corporativamente.

EL CUERPO DE CRISTO ES EL VASO CORPORATIVO QUE CUMPLE EL PLAN DE DIOS

Dios desea un vaso corporativo, no un vaso individual. No se trata de escoger a unos cuantos cristianos que tengan celo y sean consagrados, a fin de que trabajen para El a un nivel individual. Los vasos individuales no pueden cumplir ni la meta ni el plan de Dios. Dios escogió la iglesia, y ella es Su meta. Sólo la iglesia, que es el Cristo corporativo, puede alcanzar la meta de Dios y cumplir Su plan.

Observemos nuestro cuerpo humano. Ningún miembro de nuestro cuerpo puede actuar independientemente. Es imposible que un cuerpo dependa completamente de una mano o de una pierna. Sin embargo, si el cuerpo llega a perder un miembro, quedará incompleto. El Cuerpo de Cristo está compuesto de todos los creyentes. Cada creyente es un miembro del Cuerpo de Cristo y es indispensable.

El Cuerpo de Cristo es una realidad, y también lo es la vida de iglesia. La Palabra de Dios no dice que la iglesia es *como* el Cuerpo de Cristo; dice que la iglesia *es* el Cuerpo de Cristo. Nada externo puede llegar a formar parte de nuestro cuerpo físico. Podemos vestir nuestro cuerpo, pero el vestido no puede llegar a formar parte de nuestro cuerpo. Nada que proceda de nosotros podrá jamás llegar a formar parte del Cuerpo de Cristo, porque en el Cuerpo de Cristo "Cristo es el todo, y en todos" (Col. 3:11). Todo lo de nosotros que no sea parte de Cristo, estorba el conocimiento interior que podamos tener del Cuerpo de Cristo. El pecado nos impide ver a Cristo, y la vida natural nos impide ver el Cuerpo. Todos debemos ver cuál es nuestra posición en el Cuerpo de Cristo. Si verdaderamente vemos nuestra posición en el Cuerpo, será como si fuéramos salvos por segunda vez.

La vida adámica es individualista e independiente. Aunque todos los que están en Adán participan de la misma vida, no existe ninguna comunión entre ellos. A pesar de que todos cometemos pecados, cada cual toma su propio camino. Todos los que están en Adán viven como individuos separados. En Cristo, todo aquello que es individualista queda excluido. Si deseamos conocer la vida del Cuerpo, debemos ser librados no sólo de nuestra vida pecaminosa y nuestra vida natural, sino también de nuestra vida individualista. Todo elemento de individualismo debe desaparecer porque nada individualista puede alcanzar la meta de Dios.

LA DIFERENCIA ENTRE SER UN MIEMBRO Y SER UN CRISTIANO

El Nuevo Testamento nos muestra que existe una diferencia entre ser un miembro y ser un cristiano. Ser cristiano denota una persona individual, mientras que ser un miembro hace referencia a una entidad corporativa. Uno es cristiano para sí mismo, pero uno es miembro para el beneficio del Cuerpo. En la Biblia hay muchas expresiones que tienen significados opuestos, tales como la pureza y la inmundicia, lo santo y lo común, la victoria y la derrota, el Espíritu y la carne, Cristo y Satanás, el reino y el mundo, y la gloria y la vergüenza. Todos estos son términos opuestos. De igual forma, el Cuerpo está en contraposición con el individuo. Así como el Padre es contrario al mundo, el Espíritu a la carne, y el Señor al diablo, de la misma forma el Cuerpo es lo opuesto al individualismo. Una vez que uno ve el Cuerpo de Cristo, es librado del individualismo y ya no vive para sí, sino para el Cuerpo. Al ser librados del individualismo, espontáneamente estamos en el Cuerpo.

El Cuerpo de Cristo no es una doctrina sino un ámbito. No es una enseñanza, sino una vida. Muchos cristianos procuran enseñar la verdad acerca del Cuerpo, pero pocos conocen la vida del Cuerpo. El Cuerpo de Cristo es una experiencia que se tiene en una esfera totalmente diferente. Es posible que alguien conozca todo el libro de Romanos y aun así no ser justificado. De manera semejante, un hombre puede conocer con mucho detalle todo el libro de Efesios, sin haber visto el Cuerpo de Cristo. No necesitamos conocimiento, sino revelación, para comprender la realidad del Cuerpo de Cristo y para entrar en la esfera del Cuerpo. Solamente una revelación de parte de Dios nos puede introducir en la esfera del Cuerpo, y sólo entonces, el Cuerpo de Cristo llegará a ser nuestra experiencia.

En Hechos 2 parece como si Pedro estuviese predicando el evangelio solo, y que tres mil personas hubieran sido salvas por intermedio de él. Pero debemos recordar que los otros once apóstoles estaban de pie junto con él. El Cuerpo de Cristo estaba predicando el evangelio; ésta no era la predicación de un solo individuo. Si tenemos la visión del Cuerpo, veremos que el individualismo no nos conducirá a ningún lado.

Si nos damos cuenta de que como cristianos no somos más que miembros, dejaremos de ser orgullosos. Todo depende de nuestra visión. Los que logran ver que son miembros, ciertamente tienen muy en alto el Cuerpo y honran a los demás miembros. No se limitarán a ver sus propias virtudes, sino que estarán dispuestos a estimar a los demás como mejores que ellos mismos.

Cada miembro tiene una función, y todas las funciones benefician al Cuerpo. La función de un miembro es la función de todo el Cuerpo. Cuando un miembro hace algo, todo el cuerpo lo hace. Cuando la boca habla, todo el cuerpo está hablando. Cuando las manos trabajan, todo el cuerpo está trabajando. Cuando las piernas caminan, todo el cuerpo está caminando. No podemos separar a los miembros del cuerpo. Por lo tanto, las actividades de los miembros del Cuerpo deben redundar en el bien del Cuerpo. Todo lo que los miembros hagan debe beneficiar al Cuerpo. Efesios 4 dice que el Cuerpo está creciendo hasta la estatura de un hombre plenamente maduro. No dice que los individuos crecen hasta llegar a ser hombres plenamente maduros. En el capítulo tres la capacidad de conocer el amor de Cristo y de comprender la anchura, la longitud, la altura y la profundidad de El, se obtiene con todos los santos. Nadie puede conocer ni comprender solo. Un individuo no tiene el tiempo ni la capacidad de experimentar el amor de Cristo de esta manera.

En 1 Corintios 12:14 al 36 habla de dos conceptos erróneos que pueden tener los miembros: (1) "Porque no soy ... no soy del cuerpo" (v. 15). Esto es menospreciarse a sí mismo y codiciar la función de otros. (2) "No te necesito" (v. 21). Esto es ser orgulloso y pensar que uno puede incluirlo todo, menospreciando así a los demás. Ambos conceptos son nocivos para el Cuerpo. No debemos tratar de imitar a otros miembros ni codiciar su función. Si evitamos esto, no nos desanimaremos ni nos daremos por vencidos al ver que no podemos ser como ellos. Al mismo tiempo, no debemos menospreciar a otros miembros creyéndonos mejores y más útiles.

CONSCIENTES DEL CUERPO

En la vida de iglesia, debemos aprender a estar conscientes del Cuerpo. Cuando tenemos problemas con otros hermanos, esto indica, sin lugar a dudas, que tenemos problemas con Dios. Algunos cristianos son como las mariposas, que actúan independientemente. Otros son como las abejas, que viven y trabajan juntas. La mariposa vuela de flor en flor, siguiendo su propio camino, pero las abejas trabajan para la colmena. La mariposa vive y actúa individualmente, pero la abeja tiene conciencia colectiva. Todos debemos, como las abejas, tener una conciencia colectiva, para poder convivir con otros miembros en el Cuerpo de Cristo. Cuando hay una revelación del Cuerpo, hay conciencia del mismo, y cuando hay conciencia del Cuerpo, todo pensamiento y acción individual quedan descartados automáticamente. Al ver a Cristo somos libres del pecado, y al ver el Cuerpo somos libres del individualismo. Ver el Cuerpo y ser libres del individualismo no son dos cosas separadas, sino una sola. Una vez que vemos el Cuerpo, nuestra vida y nuestra obra como individuos cesan. No es asunto de cambiar de actitud ni de comportamiento; de esto se encarga la revelación. No podemos entrar en el ámbito del Cuerpo por otro medio que no sea la revelación. Una visión interior auténtica resuelve todos los problemas.

Capitulo cuatro

EL SUMINISTRO DEL CUERPO

Lectura bíblica: Ef. 3:3-6; 2:15; Col. 3:10-11; 1 Co. 12:20-21; Ro. 12:3-6

LA NECESIDAD DEL SUMINISTRO DEL CUERPO

Todo cristiano debe saber que simplemente es un miembro del Cuerpo. Si no cuenta con los demás miembros, no sobrevivirá. En el Cuerpo todos los miembros deben estar perfectamente unidos para llegar a ser el Cuerpo. Todos los miembros del Cuerpo se relacionan mutuamente y no pueden separarse el uno del otro. Entre los miembros debe haber una relación y una suministración mutua, pues sólo así podrán sobrevivir. Si el cristiano lleva una vida independiente, tarde o temprano se debilitará y se secará. Si soy una oreja, no puedo ver y ni siquiera debo tener la esperanza de ver por mi propia cuenta. Todo el cuerpo depende exclusivamente de los ojos para poder ver, y no importa cuánto oremos, jamás podremos lograr que los demás miembros tengan vista. Si soy una oreja, ¿qué debo hacer si quiero ver algo? Debo acudir a los ojos —a un hermano o hermana que tenga vista— y buscar ayuda. Para progresar en el Señor, debemos reconocer el suministro que El puso en el Cuerpo y abastecernos del mismo. El Cuerpo en su totalidad se edifica por la interdependencia entre los miembros.

Cuando estuve en el sudeste de Asia, tuve una conversación con algunos hermanos y hermanas. Alguien me preguntó: "¿Por qué no estoy lleno de vida como antes? No he cometido ningún pecado específico del cual esté consciente, y tampoco he desobedecido al Señor de ninguna forma. Tampoco he retirado mi consagración ni he cambiado de parecer en cuanto al dinero que le he ofrecido a El. Aparentemente, no he tenido ningún cambio en mi condición espiritual. Pero, ¿por qué no soy el mismo que era antes? Siento que he perdido el gozo y la vitalidad que una vez tuve". Le respondí: "La razón es que has vivido encerrado en ti mismo demasiado tiempo. Debes entrar en la vida del Cuerpo". Para que un miembro tenga una vida normal, debe recibir el suministro de los demás miembros. Si un hombre no vive en el Cuerpo de Cristo, no recibe la suministración del Cuerpo. Ningún miembro puede decir que no necesita a los demás, ni puede separarse de los demás para vivir aisladamente.

Romanos 12:3 dice: "Que no tenga más alto concepto de sí que el que debe tener". No debemos tener un concepto demasiado elevado de nosotros mismos ni debemos pensar que otros son inferiores. No debemos menospreciar ni rechazar a otros miembros del Cuerpo. Pedro pensaba que todos los miembros podían caer y fallar, pero él no. Sin embargo, cuando vino la prueba fracasó igual que todos. Aquellos que tienen un concepto elevado de sí mismos y menosprecian a los demás miembros, tarde o temprano terminarán en problemas. En el Cuerpo de Cristo cada creyente es un miembro, y nada más que un miembro. Por lo tanto, ningún miembro puede vivir sin los demás, y mucho menos menospreciarlos.

LA INTERCESION DE LOS MIEMBROS

Muchos hemos tenido la experiencia de que cuando estamos secos y no vemos cómo seguir adelante, necesitamos que otros hermanos y hermanas intercedan por nosotros para que podamos proseguir. En una ocasión estuve enfermo durante ciento setenta y seis días. Yo oraba por mi salud todos los días, pero nada sucedía. Cuando me cansé de orar, le pedí a un hermano del cual no tenía muy alto concepto, que orara por mí. Para mí sorpresa, recibí ayuda con su intercesión, y me recuperé en poco tiempo. El hermano Holz es muy conocido por su vida de oración. Cuando él era misionero en China, con frecuencia le pedía a un hermano joven que orara con él. Aún si el joven no tenía nada que decir, le era de mucha ayuda cuando el joven se sentaba con él en el cuarto. Hermanos y hermanas, recuerden que ésta es la provisión del Cuerpo. La suministración del Cuerpo de

Cristo es una realidad. Usted nunca podrá progresar en muchas cosas, no importa cuánto se esfuerce. Pero una vez que traiga el asunto al Cuerpo, el problema quedará resuelto. En esto consiste el suministro del Cuerpo de Cristo.

En los años posteriores a 1930, muchos experimentaron el derramamiento del Espíritu Santo en diferentes lugares de China, en especial en la provincia de Shantung. Para entonces yo ya llevaba diez años de haber sido salvo. Deseaba experimentar el derramamiento, pero no lo conseguía. Más tarde, fui a Chefoo y les pedí a los hermanos y hermanas que oraran por mí. No pasó mucho tiempo cuando recibí el derramamiento. Había un hermano en Inglaterra que tenía el conocimiento de la victoria en Cristo, pero no había podido vencer cierto pecado. Algunos hermanos y yo oramos por él, y logró vencer. Podría mencionar docenas de ejemplos que muestran el resultado de la intercesión del Cuerpo. La oración del Cuerpo proporciona el suministro de vida a los miembros que tienen necesidad. Dios imparte Su suministro de vida a Sus miembros por medio de muchos otros miembros. Si el dedo necesita el suministro de la sangre, tiene que recibirlo por medio del hombro y del brazo. De igual manera, como miembros del Cuerpo, recibimos nuestro suministro por medio de los demás miembros. Por tanto, es absurdo tratar de separarnos de los demás miembros.

VIVIMOS EN EL CUERPO DE CRISTO

¿Qué son los ojos, los oídos, las manos y los pies? Son Cristo mismo. La Cabeza es Cristo, y el Cuerpo también es Cristo. Cada miembro es parte de la vida de Cristo. Cada vez que rechazo la ayuda de otros miembros, rechazo la ayuda de Cristo. Si no reconozco que necesito a los demás miembros, niego por ende que necesito a Cristo. Así como no puedo ser independiente de la Cabeza, tampoco puedo serlo del Cuerpo. El individualismo es abominable a los ojos de Dios. Lo que yo no sepa, otro miembro del Cuerpo lo sabrá; lo que no vea, otro miembro lo verá; lo que no pueda hacer, otro miembro podrá hacerlo. Por lo tanto, debo permitir que los demás miembros suplan mis necesidades. Debemos beneficiarnos constantemente de la comunión del Cuerpo, pues es nuestra misma vida.

En el Antiguo Testamento estar fuera de la comunión era el castigo más severo que podía sobrevenir a los hijos de Israel. "Será cortado de entre su pueblo", era la sentencia. Esto es algo muy serio. Si Dios tuviese la intención de que viviéramos como individuos, podríamos perfectamente progresar estando separados el uno del otro. Pero El nos puso como miembros de Su Cuerpo, y por lo tanto, es imposible que crezcamos estando separados el uno del otro.

Todos necesitamos ver la realidad del suministro que hay en el Cuerpo de Cristo y también tenemos que aprender a vivir en el Cuerpo y a recibir la suministración del Cuerpo. En el Antiguo Testamento, el candelero estaba situado en el santuario. Para que un hombre pudiera ver la luz, debía entrar en el santuario. En el Nuevo Testamento el santuario es la iglesia. Si un hombre quiere ver la luz, debe venir a la iglesia. En las reuniones de la iglesia y entre los hermanos y hermanas, la luz de Dios es mucho más intensa que en los individuos. Hoy en día el santuario de Dios es la iglesia; Dios mismo mora en la iglesia. Por consiguiente, Su luz está en la iglesia. Un hombre puede recibir luz sólo si viene a la iglesia. Todo lo que Cristo tiene está en Su Cuerpo. Sólo un hombre necio podría decir que puede ser un cristiano solitario. Tarde o temprano, todos los cristianos individuales se secarán. Mientras vivamos en el Cuerpo, recibiremos su suministro, no importa cuál sea nuestra condición. Todos los miembros deben aprender a valorar la suministración del Cuerpo y a estimar a cada miembro. Todos necesitamos aprender a vivir en el Cuerpo, bajo el suministro del Cuerpo.

Capitulo cinco

LA PROTECCION, LA LIMITACION Y EL MINISTERIO DEL CUERPO

Lectura bíblica: Ef. 3:3-6; 2:15

LA PROTECCION DEL CUERPO

Ya vimos que la iglesia es el Cuerpo de Cristo. El Cuerpo proporciona el suministro a todos los miembros. Además, este Cuerpo también brinda protección a cada miembro. Esto es especialmente importante cuando hablamos de la guerra espiritual. Efesios es un libro que trata de manera específica el tema del Cuerpo de Cristo. En el capítulo seis vemos que la guerra espiritual se relaciona con la iglesia, no con los individuos aisladamente. No dice: "vístete", sino "vestíos de toda la armadura de Dios". Satanás no teme a los individuos, pero sí teme a la iglesia. "Sobre esta roca edificaré Mi iglesia; y las puertas del Hades no prevalecerán contra ella" (Mt. 16:18). Debemos hacerle frente a Satanás sobre la base del Cuerpo. Incluso en nuestras oraciones privadas, debemos mantenernos firmes por la fe sobre la base del Cuerpo. Muchos cristianos caen delante del enemigo por estar solos. De hecho, al estar solos, invitamos los ataques de Satanás.

Debemos recordar que la armadura espiritual sólo la puede llevar la iglesia, no los individuos. El Cuerpo de Cristo se pone toda la armadura de Dios. En el Cuerpo cada miembro tiene su especialidad, y todas estas especialidades combinadas conforman la armadura de Dios en su totalidad. Si un hermano tiene fe, tiene el escudo de la fe. Si otro hermano tiene la palabra de Dios, tiene la espada del Espíritu. La armadura de Dios es la totalidad de cada una de las especialidades de los miembros. Por lo tanto, la iglesia se pone toda la armadura, no los individuos. La batalla espiritual involucra a todos los miembros; no es una batalla de individuos aislados. Un solo árbol puede ser arrasado fácilmente por un huracán, pero no es tan fácil arrasar todo un bosque. A Satanás le gusta escoger como blanco de sus ataques a aquellos que están al descubierto. El busca a las personas que están solas y aisladas de los demás. Quienes estén bajo la protección del Cuerpo serán preservados. Una de las funciones del Cuerpo de Cristo es proteger a todos los miembros. Todos necesitamos la cobertura del Cuerpo; de otra forma estaremos constantemente expuestos a los ataques del enemigo. Un individuo separado está propenso a ser engañado, así que por esta razón también necesitamos la cobertura del Cuerpo. Debemos consultar constantemente con nuestros hermanos. No sólo debemos reconocer que necesitamos al Cuerpo en un sentido general, sino que también debemos acudir a nuestros hermanos y hermanas de manera específica, y pedirles ayuda.

El Cuerpo de Cristo es una realidad, no una doctrina ni una teoría. La protección del Cuerpo también es una realidad, no una doctrina. Inmediatamente después de ser salvo, leí en la Biblia acerca de llevar la cruz. Pensaba que si memorizaba los versículos sobre dicho tema, estaría llevando la cruz, y que si los olvidaba, estaría dejando de llevar la cruz. Después descubrí que llevar la cruz no tiene nada que ver con nuestra memoria. Nuestra memoria meramente retiene la doctrina. Si las palabras del Señor son vida para nosotros, nada podrá evitar que llevemos la cruz. No importa si recordamos las palabras o no, en tanto que sean vida para nosotros, ya habrán venido a ser una ley de vida en nosotros, y no un simple precepto legal. Lo mismo se aplica al Cuerpo de Cristo; es una ley de vida. Una vez que experimentemos esta vida, estaremos bajo la operación de la ley de vida, y descubriremos que la protección del Cuerpo es una realidad y no una ley externa.

Los soldados se esconden en trincheras para protegerse durante una batalla. No pueden sacar la cabeza y hacerla visible, pues esto sería peligroso. Lo mismo se aplica a nuestra batalla espiritual. Ningún miembro debe estar solo, y ningún miembro debe exponer su cabeza. Somos miembros del Cuerpo y necesitamos la protección de los demás hermanos y hermanas. Cuando Moisés alzó sus manos para orar por los israelitas, necesitó la ayuda de Aarón y Hur. Con la ayuda de ellos, los israelitas prevalecieron contra los amalecitas. Si un hombre tan fuerte como Moisés necesitó la ayuda de sus hermanos, ¿cuánto más necesitamos nosotros a nuestros hermanos? Muchos hacen cosas sin consultar ni orar con los hermanos y hermanas. Desconocen la protección que se tiene en el Cuerpo, y el resultado de esto no es otra cosa que fracaso. Todos necesitamos ver la realidad de la protección del Cuerpo, escondernos bajo dicha protección y aceptar su salvaguardia.

Esta es la diferencia entre uno que tiene la revelación del Cuerpo y uno que no la tiene: el que conoce el Cuerpo meramente como una verdad, puede buscar el consejo y la cobertura del Cuerpo, pero lo hará como una mera diplomacia, y no como un asunto de vida. Si se acuerda de esto, lo hará, pero después podrá olvidarse. El que ha visto la realidad del Cuerpo y ha entrado por experiencia en la esfera del Cuerpo, no tiene la posibilidad de olvidarse. Su manera de actuar basándose en el principio del Cuerpo es algo espontáneo, puesto que es su vida.

LA LIMITACION DEL CUERPO

Si usted no es más que un creyente, puede actuar como quiera, pero si es un miembro del Cuerpo, entonces debe permitir que los demás miembros lo limiten. Es aquí donde vemos cuánto necesitamos la cruz. La cruz nos conduce al Cuerpo y opera en la esfera del Cuerpo. Si yo soy rápido y otro es lento, no debo insistir en marchar a mi propio paso; debo dejarme limitar por el miembro más lento. Si soy profeta, entonces debo dar paso al evangelista cuando se trate de predicar el evangelio a los que no son salvos. No debo sentir la necesidad de predicar simplemente porque tenga el don de profecía. "A cada uno de nosotros fue dada la gracia conforme a la medida del don de Cristo" (Ef. 4:7). Es esencial para el desarrollo del Cuerpo que cada uno de nosotros reconozca cuál es su medida y no trate de sobrepasarla. Este es un requisito básico para el crecimiento del Cuerpo.

El Cuerpo de Cristo no sólo constituye una protección para los miembros, sino también una limitación. El cristiano es un solo miembro del Cuerpo de Cristo y debe aceptar la limitación del Cuerpo. No debemos permitirnos hacer lo que queremos, sino que debemos aprender a compenetrarnos con los demás hermanos y hermanas. Ni la manera de ser del individuo ni sus peculiaridades tienen cabida en la iglesia. Cada miembro debe honrar los talentos de los demás y ser fiel usando el suyo. Además, cada miembro debe conocer su propia capacidad y no tener un concepto más elevado de sí que el que debe tener. Si todos hacen esto, no habrá envidias, ni ambición ni deseo de hacer lo que otros hacen. En 2 Corintios 10:14 Pablo dijo: "Porque no nos hemos extralimitado, como si no llegásemos hasta vosotros". Sin embargo, muchos no han visto su propia capacidad y, como resultado, sobrepasan su límite. Aquellos que se extralimitan, pisotean a otros, los patean, los presionan y usurpan la porción de otros miembros. Si los miembros actúan así en la iglesia, algunos comenzarán a monopolizar, mientras que otros comenzarán a retraerse. Esto perjudicará a toda la iglesia. No debemos obrar de esta manera. Debemos volvernos y ocupar nuestro lugar en el Cuerpo, y dejarnos limitar por el Cuerpo. Si hacemos esto, el Cuerpo será preservado y no sufrirá daño.

EL MINISTERIO DEL CUERPO

La comunión en el Cuerpo no sólo incluye recibir ayuda de los demás miembros, sino también prestar ayuda a otros miembros. El Cuerpo funciona en mutualidad. La mutualidad caracteriza al Cuerpo. Aunque se ministre desde el púlpito, lo que se comparte nunca debe dirigirse en una sola dirección. El púlpito necesita de la ayuda de la congregación, tanto como ésta necesita de la ayuda del púlpito. Ser un mero espectador o un oidor es contrario a la vida del Cuerpo. Todos los cristianos deben participar en la reunión y suministrar algo a los demás miembros. Esta clase de suministración es el ministerio y la función de los miembros. También es la comunión que se tiene en vida. Ningún miembro debe salirse de esta comunión. Si usted detiene esta comunión, el fluir de vida se detendrá, y usted se convertirá en una carga para el Cuerpo. Si alguien piensa que no tiene que decir nada, que será aprobado y que no causará ningún problema siempre que reciba de los demás de una manera silenciosa y respetuosa, no sabe lo que es el Cuerpo de Cristo. Cada miembro debe suministrar algo al Cuerpo, tener comunión y ejercer su función en el Cuerpo. Esta es una ley que opera en el Cuerpo. En el cuerpo físico ninguno de los miembros puede dejar de funcionar sin que cause un gran perjuicio a todo el cuerpo. Esto también se aplica al Cuerpo de Cristo.

En la reunión de la iglesia cada miembro debe funcionar según lo guíe el Espíritu Santo. En 1 Corintios 14:26 dice: "¿Qué hay, pues, hermanos? Cuando os reunís, cada uno de vosotros tiene salmo, tiene enseñanza, tiene revelación ... hágase todo para edificación". A pesar de esto, muchos vienen a la reunión como espectadores. Ellos son una carga pesada para el Cuerpo. El Señor les dijo a los fariseos que si los discípulos de El no se regocijaban y alababan al Señor con gran clamor, las piedras clamarían. No funcionar en las reuniones es anormal y no le agrada al Señor. Cada vez que usted venga a una reunión, debe entrar en la comunión. Debe haber un fluir de vida en cada miembro. Si usted no tiene esta comunión, entorpece la vida de Dios y trae muerte a la reunión. Frecuentemente he preguntado a los que vienen a la reunión del partimiento del pan, si vienen como espectadores o si vienen para tener comunión. Todos los que entorpecen la vida de Dios, no sólo traen muerte a la reunión, sino también sobre sí mismos. ¿Con qué contribuye usted a los demás miembros cuando se reúne la iglesia?

Si un miembro deja de funcionar, no sólo los demás miembros sufren pérdida, sino que también él mismo se empobrece. Yo me enriquezco abasteciendo a los demás. Cuando sacio la sed de otros, sacio mi propia sed. Es igual que la experiencia del Señor con la mujer, que se narra en Juan 4. El Señor tenía sed, pero Su sed fue saciada cuando El sació la sed espiritual de la mujer. Cuando los discípulos llegaron con la comida, el Señor les dijo: "Yo tengo una comida que comer, que vosotros no sabéis" (v. 32). El recibió Su suministro al proveer algo a la otra persona. Cada vez que tratamos de satisfacernos a nosotros mismos, quedamos con hambre. Pero cuando satisfacemos a otros, somos alimentados. Cuando llevamos las cargas de otros, nuestra propia carga se hace liviana.

Muchos se quejan de que esta o aquella reunión no estuvo buena. No se dan cuenta de la clase de actitud que ellos han traído a la reunión. Cada vez que dejamos de funcionar, impedimos que fluya la vida de Dios. Al acudir a la reunión, tenemos que abrir nuestra boca, manifestar la vida y participar en el ministerio del Cuerpo. Una vez estuve predicando en un lugar y la reunión estaba muy muerta. Pero una hermana ayudó mucho con su respuesta a mis palabras. Ella decía "amén" a lo que yo decía, y con la expresión de su rostro indicaba que estaba recibiendo mis palabras. Por su respuesta positiva, tuve más libertad y la palabra de Dios también pudo fluir libremente.

Que el Señor nos muestre que todos tenemos parte en la reunión. No es suficiente que hablemos acerca del Cuerpo; tenemos que expresar el Cuerpo en nuestro vivir. El Cuerpo de Cristo no es una doctrina, sino una realidad, una realidad vital. Dios desea que entremos en la vida del Cuerpo, y no sólo que tengamos la doctrina al respecto. Recibimos la vida del Cuerpo, no una doctrina acerca del Cuerpo. Martín Lutero no recibió la doctrina de la justificación por la fe, sino la vida de la justificación por la fe. Como consecuencia, su ministerio fue poderoso. La justificación de la cual hablaba no era una doctrina, sino una realidad en vida. En la actualidad, todos debemos recibir la revelación de la realidad del Cuerpo, y entrar en la vida del mismo. Entonces veremos que somos miembros del Cuerpo de Cristo, que necesitamos la protección y la limitación del Cuerpo, y que necesitamos funcionar en el Cuerpo y abastecer a los demás miembros a fin de que la vida pueda fluir en el Cuerpo sin ningún impedimento.

Capitulo seis

LA AUTORIDAD EN EL CUERPO

Lectura bíblica: Ef. 1:22; 2:15; 3:3-6; 4:15-16; Col. 2:19; 3:10-11

LA AUTORIDAD DEL CUERPO REPOSA EN LA CABEZA

La Biblia nos dice de manera enfática que Cristo es la Cabeza. Un día Dios reunirá todo lo que hay en el universo bajo Cristo como cabeza. En la actualidad el universo no está sometido a la autoridad de Cristo como cabeza, y por eso todo está en confusión. Pero llegará el día en que Dios reunirá todas las cosas bajo la autoridad de Cristo como cabeza. Dios ha ordenado que Cristo ejerza su función como cabeza sobre todas las cosas, pero primero debe ejercerla en la iglesia, y luego, por medio de la iglesia, ejercerá Su autoridad como cabeza, sobre todas las cosas. Hoy en día, Cristo es la Cabeza de la iglesia. Finalmente, El sujetará como cabeza todas las cosas. La iglesia es el medio que Dios usa para agrandar a Cristo, y este agrandamiento continuará hasta llenar todo el universo. La iglesia es "la plenitud de Aquel que todo lo llena en todo" (Ef. 1:23). Si Cristo no llega a ser la Cabeza de la iglesia, no podrá ser cabeza del universo.

¿Cuál es el significado de que Cristo sea la Cabeza de la iglesia y que la iglesia sea el Cuerpo de Cristo? Significa que toda autoridad está en El. Toda la autoridad está en El debido a que toda la vida está en El. El Cuerpo tiene su consumación en El; El es el manantial de la vida del Cuerpo. El Cuerpo no tiene vida propia. "Dios nos ha dado vida eterna; y esta vida está en Su Hijo" (1 Jn. 5:11). Aun después de que la vida eterna nos es dada, ésta sigue reposando en Su Hijo. El Hijo no se separa de Su vida; El la retiene. "El que tiene al Hijo, tiene la vida" (v. 12). Este versículo no dice: "El que tiene la vida, tiene la vida". Ninguno de nosotros posee la vida como tal; es sólo poseyendo al Hijo como tenemos la vida. El creyente recibe su vida del Señor. Pero esta vida jamás puede separarse del Señor. El creyente no se relaciona simplemente con la vida. Al relacionarse con la vida, el creyente se relaciona con el Hijo. Esta vida es la que nos hace miembros del Cuerpo de Cristo. Puesto que nuestra vida procede de El, la relación de vida desecha la posibilidad de que podamos separarnos de El como nuestra cabeza. El fluir de la vida que haya en nosotros depende de nuestra continua relación con el Hijo. Tan pronto tengamos alguna obstrucción en nuestra relación con El, la vida en nosotros se estancará. El es la Cabeza del Cuerpo, y la vida puede fluir libremente a nosotros solamente cuando El asume todo el control.

LOS MIEMBROS ESTAN SUJETOS A LA AUTORIDAD DE LA CABEZA

El poder por el cual sobrevivimos proviene de Cristo. Es por eso que no podemos hacer nada independientemente. El Señor es nuestra única Cabeza, y solamente El tiene la autoridad de dirigir los movimientos de los miembros de Su Cuerpo. En esta edad en la que hay carencia de ley, cualquier sugerencia con respecto a la necesidad de autoridad es rechazada; pero a fin de poder entender la vida del Cuerpo y entrar en ella, debemos conocer la autoridad de la Cabeza. Mi mano no puede hacer nada sin la dirección de mi cabeza. La cabeza debe dar órdenes para que los miembros se muevan. Cristo es la vida del Cuerpo y también es la autoridad del mismo. Todos los movimientos de los miembros de Su Cuerpo deben estar bajo Su dirección. Puesto que Cristo es la Cabeza, El tiene la autoridad del Cuerpo. Nosotros no somos la Cabeza, ni tampoco tenemos la autoridad. Lo único que debemos hacer es someternos a la autoridad del Señor. Si procuramos conocer la vida del Cuerpo, surge la pregunta: ¿Nos postramos ante la autoridad absoluta del Señor? Desde el mismo comienzo seremos confrontados con la autoridad de Cristo como cabeza. No podemos decir: "Pero..." ni: "Me parece que..." Lo único que podemos hacer es humillarnos ante Su soberanía. Debemos darnos cuenta de que si deseamos ser miembros del Cuerpo no podemos ser la Cabeza.

No podemos dar órdenes ni escoger ni aun desear. La Biblia dice que nosotros debemos seguir al Señor. ¿Qué significa seguir al Señor? Seguir significa ir en pos. El Señor es quien decide nuestro camino. Nosotros no tenemos derecho alguno para hacer nuestra propia elección. El único deber del Cuerpo para con la Cabeza es obedecer y someterse sin objeciones ni ideas propias ni sugerencias. En el Cuerpo de Cristo no cuenta ninguna idea ni ninguna propuesta que provenga de los individuos; debemos desecharlas todas y someternos únicamente a la autoridad de la Cabeza. Todos debemos simplemente escuchar Sus órdenes y hacer lo que El ordena.

Aceptar a Cristo como cabeza incluye repudiar todas las demás cabezas. Cristo solo es la Cabeza del Cuerpo; nadie más puede serlo. Ni usted, ni nadie, puede ser la Cabeza en la iglesia, porque sólo puede haber una Cabeza en el Cuerpo; no puede haber dos cabezas. Sólo Cristo es la Cabeza. Por consiguiente, todos tenemos que obedecer a Cristo. Hoy vemos que en la iglesia abundan muchos métodos y preceptos humanos. ¡Cuán errado es esto! Los planes y las decisiones humanas son contrarios a la autoridad de Cristo como Cabeza. Pero si Cristo es la Cabeza, entonces no me atreveré a agradarme a mí mismo ni a los demás; debo procurar agradarle solamente a El. "Dios le ha hecho Señor y Cristo" (Hch. 2:36). Observe que Dios no le ha hecho Salvador sino Señor. Pablo primero vio a Cristo como su Señor y luego como su Salvador. Cuando fue detenido en el camino a Damasco, su primera pregunta fue: "¿Quién eres, *Señor*?" (9:5). Cristo es la única Cabeza de la iglesia; no hay ninguna otra cabeza. Si verdaderamente deseamos vivir en el Cuerpo de Cristo, tenemos que aprender a someternos a la autoridad del Señor Jesús. Todos los que no pueden someterse, y que están siempre expresando sus opiniones y sus sugerencias, insistiendo en ser ellos la cabeza, no han visto el Cuerpo. Una vez que uno se dé cuenta de que simplemente es un miembro del Cuerpo, tendrá sin duda dentro de sí el deseo de ser sumiso, ya que la sumisión es una ley natural del Cuerpo.

ASIDOS A LA CABEZA

Pablo dijo: "Asiéndose de la Cabeza, en virtud de quien todo el Cuerpo, recibiendo el rico suministro y siendo entrelazado por medio de las coyunturas y ligamentos, crece con el crecimiento de Dios" (Col. 2:19). Puesto que Cristo es la Cabeza del Cuerpo, tenemos que asirnos a la Cabeza. Asirnos a la Cabeza significa reconocer que Cristo es la Cabeza; es someternos completamente a Su autoridad. Sólo podemos unirnos a los hermanos y hermanas cuando nos asimos a la Cabeza. Los miembros del Cuerpo se entrelazan mutuamente y pueden experimentar la vida del Cuerpo al asirse de Cristo, la Cabeza. La relación que tengamos con la Cabeza determina nuestra relación con los demás miembros. Todas las preguntas en cuanto a la relaciones con los hermanos y hermanas pueden resolverse cuando nos sometemos a la autoridad absoluta del Señor. Si no reconocemos la autoridad de Cristo como Cabeza del Cuerpo, nunca tendremos una relación perfecta con los demás miembros, pues la relación que tenemos en común con El es la que nos permite relacionarnos unos con otros. Quizás tengamos diferencias externas, pero el Cristo que mora en nosotros es el mismo. Esta es la razón por la cual podemos tener comunión unos con otros y ser uno. Aparte de Cristo, es imposible tener comunión. Cuando no nos asimos a la Cabeza, nuestra comunión queda anulada. La base de nuestra relación radica en nuestra acción de asirnos mutuamente a la Cabeza. Cuando todos nos asimos a la Cabeza, nos aferramos los unos a los otros, y nuestra relación con el Cuerpo será apropiada.

Si nos aferramos a la Cabeza, no podremos mantener una relación, sentimiento ni comunión especial con ningún individuo o grupo de individuos. Nuestras preferencias no tienen cabida en el Cuerpo. No podemos tener una comunión directa entre nosotros; todo debe llevarse a cabo por medio de la Cabeza. Por ejemplo, cuando mi mano izquierda me duele, mi mano derecha viene inmediatamente en su ayuda. La mano derecha hace esto, porque tanto la mano izquierda como la derecha están bajo la dirección de la cabeza. La relación mutua entre los miembros pasa primero por la Cabeza. ¿Qué significa formar partidos? Significa que algunos cristianos tienen una relación directa entre sí y se han separado de la autoridad de la Cabeza. Se comunican entre ellos directamente, pero su comunicación no pasa por la Cabeza. Tienen una relación especial entre ellos, pero su relación no pasa por la Cabeza.

No debemos realizar ningún movimiento en relación con otros miembros, que no sea dirigido por el Señor. Si El nos pide hacer algo por otro miembro, y éste no lo agradece, no nos preocupamos puesto que solamente damos cuenta ante la Cabeza. Si nos asimos a la Cabeza, recibiendo toda nuestra dirección de El, y hacemos todo como para El, no debemos preocuparnos por las consecuencias.

Si nos asimos a la Cabeza, no podemos tener interpretaciones diferentes acerca de la Escritura. Las diferencias se originan cuando alguien no se aferra a la Cabeza, porque no es posible que El le diga algo a un miembro y otra cosa a otro. Si surgen diferencias, no debemos tratar de arreglar las cosas por el camino de la discusión; debemos simplemente reconocer a Cristo como Cabeza. En la iglesia todos debemos aferrarnos a la Cabeza, ya sea en lo relacionado con el entendimiento de la verdad, la administración de los negocios, o cualquier otro asunto. Cristo es la única autoridad en el Cuerpo. A los miembros les corresponde asirse a la Cabeza y reconocer a Cristo como la autoridad única y suprema sobre todas las cosas. Si permitimos que la cruz ponga fin a nuestra vida natural, no encontraremos ninguna dificultad en relacionarnos con los demás miembros del Cuerpo.

Capitulo siete

LA UNCION DEL CUERPO

Lectura bíblica: 1 Jn. 2:27; Lc. 3:22; 4:18; Ef. 4:1-10; 30-32; Sal. 133

La Biblia nos muestra que la unción de Dios sólo se da a quien satisface totalmente el corazón de Dios, a saber: Su Hijo, Cristo. Si tal es el caso, ¿por qué, entonces, el Cuerpo recibe la unción? El salmo 133 nos dice que el buen óleo se vertió sobre la cabeza de Aarón y descendió por la barba hasta el borde de sus vestiduras. Cuando un hombre es ungido, el óleo se le derrama sobre la cabeza, no sobre todo el cuerpo. Pero al verterse el óleo, éste desciende y fluye por todo el cuerpo. Puesto que la Cabeza es Cristo, el Ungido, también el Cuerpo es Cristo. Cristo es el Ungido de Dios. La iglesia es Su Cuerpo. Cuando Cristo fue ungido, todo el Cuerpo fue ungido juntamente con El. Cristo es el gran Ungido, mientras que nosotros los miembros somos los pequeños ungidos. En todo caso, no somos ungidos aparte de El; fuimos ungidos en Su Cuerpo, es decir, en Cristo, cuando El fue ungido. Es imposible que seamos ungidos solos, porque la Biblia [hablando del aceite de la unción] dice: "Sobre carne de hombre no será derramado" (Ex. 30:32). De modo que somos ungidos en Cristo.

LA CONDICION PARA SER UNGIDOS ES QUE EL HOMBRE NATURAL SEA SEPULTADO

Lucas 3:22 nos dice lo que sucedió después de que el Señor fue bautizado en el río Jordán. "Y descendió el Espíritu Santo sobre El en forma corporal, como paloma, y vino una voz del cielo que decía: Tú eres Mi Hijo, el Amado; en Ti me he complacido". Lucas 4:18 dice: "El Espíritu del Señor está sobre Mí, por cuanto me ha ungido para anunciar el evangelio a los pobres". En estos versículos vemos que el Señor fue ungido con el Espíritu Santo en el río Jordán cuando salió de las aguas del bautismo. Génesis 8 cuenta que después del diluvio, Noé abrió la ventana del arca y envió una paloma. Sin embargo, la paloma no encontró lugar dónde reposar porque toda la tierra estaba llena de agua; así que regresó al arca. (El paso del arca de Noé a través del diluvio tipifica el bautismo.) En el momento del bautismo de Cristo, el Espíritu descendió sobre El como una paloma. Esto indica que en el momento del bautismo, Cristo recibió la unción del Espíritu Santo. De la misma manera, cuando fuimos bautizados, también nosotros recibimos la unción del Espíritu.

El bautismo indica que todo lo que pertenece al viejo hombre natural queda sepultado. El hecho de que la unción venga después del bautismo, indica que para poder recibir la unción del Espíritu, nuestra carne primeramente debe ser sepultada. Sólo aquello que sea del Señor podrá levantarse después del bautismo, puesto que lo que pertenece a los creyentes sólo sirve para ser sepultado. Todo lo que puede salir del sepulcro tiene que salir en resurrección, y resucita porque contiene a Cristo. Cuando somos bautizados en Cristo, pasamos juntamente con El por la muerte, la sepultura y la resurrección. Por lo tanto, cuando El fue ungido, también nosotros fuimos ungidos. Fuimos crucificados, sepultados, resucitados y ungidos juntamente con El.

LA FUNCION DE LA UNCION

La unción tiene tanto valor porque la gracia puede fluir por medio de la unción desde la Cabeza y extenderse por todo el Cuerpo. La función de la unción es mantener la unidad entre la Cabeza y el Cuerpo, y entre todos los miembros. La unción es la operación del Espíritu Santo en el hombre. La relación entre el Espíritu Santo, Cristo y la iglesia, se puede comparar con el sistema nervioso del cuerpo humano. Los nervios dirigen y coordinan todos los miembros del cuerpo. La Cabeza se comunica con todos los miembros y coordina sus movimientos mediante los nervios, y por medio de éstos los miembros se relacionan mutuamente. Todos los miembros del cuerpo actúan según lo ordenen los nervios. Someterse a los nervios es someterse a la cabeza. De igual forma, en el Cuerpo espiritual, el Espíritu lleva a todos los miembros los pensamientos de la Cabeza. Como miembros del Cuerpo de Cristo, tenemos que rendirnos a la autoridad del Espíritu Santo. Cuando nos rendimos a la autoridad del Espíritu Santo, nos rendimos a la Cabeza. Cada vez que contristamos al Espíritu, entorpecemos nuestra relación con la Cabeza. Por lo tanto, al rendirnos al Espíritu nos asimos a la Cabeza.

LA ENSEÑANZA DE LA UNCION

En la Biblia se usan muchos símbolos para representar al Espíritu Santo, como por ejemplo el viento, el agua de vida y el fuego. Al mismo tiempo, el Espíritu también es vida, poder, etc. Sin embargo, 1 Juan 2:27 es un versículo particularmente hermoso en su descripción del Espíritu Santo como unción. La unción es la enseñanza del Espíritu Santo. El Espíritu nos enseña por medio de la unción. Jamás podremos conocer la voluntad de Dios estudiando y analizando los puntos a favor y en contra de algún tema. Sólo podemos conocer la voluntad de Dios por medio de la unción. El Espíritu Santo es quien nos da a conocer la mente de Cristo. No tenemos que preguntarnos constantemente: "¿Es ésta la voluntad de Dios?" porque "nosotros *tenemos* la mente de Cristo" (1 Co. 2:16). Cuando la Cabeza desea que uno de los miembros actúe, se lo comunica por medio de la unción, y a medida que nosotros nos rendimos a la unción, la vida fluye libremente desde la Cabeza. Cuando nos resistimos a la unción, entorpecemos la relación que tenemos con la Cabeza, y el fluir de vida se detiene. Muchos creyentes no perciben la dirección del Señor porque no están sometidos a la Cabeza. La unción no viene directamente sobre el Cuerpo, sino sobre la Cabeza. Los creyentes sólo pueden recibir la unción que fluye desde la Cabeza y se extiende por el Cuerpo, cuando están directamente sometidos a la Cabeza.

La unción es muy fina y apacible. La enseñanza del Espíritu Santo no es tosca ni brusca. No sopla sobre nosotros como el viento ni nos quema como el fuego, sino que como el aceite, nos unge. Es así como el Espíritu nos enseña. Dondequiera que esté el aceite, allí estará Dios actuando. Su obra no depende de palabras ni de interpretaciones bíblicas ni de razonamientos ni de juicios respecto a lo bueno y lo malo, etc. Dios actúa y nos dirige en nuestro interior por medio de una especie de sentir de vida interno. Este sentir es la unción del Espíritu. La Cabeza no se vale de medios externos ni físicos para gobernar el Cuerpo. "La vida era la luz de los hombres" (Jn. 1:4). Si procuramos conocer la voluntad de Dios, no la hallaremos preguntándonos: "¿Es esto bueno o malo?", sino: "¿Me dirige la vida con respecto a esto?" Si nos sentimos muertos por dentro, entonces no tenemos la unción; y si obramos sin la unción, lo hacemos sin la autoridad de la Cabeza. Por ejemplo, es posible que deseemos visitar a alguien, pero interiormente nos sentimos fríos e indiferentes. En lo que respecta a doctrinas y sentimientos humanos, o a principios bíblicos, deberíamos visitarlo. Pero cuanto más nos proponemos ir a visitarlo, más fríos nos sentimos. Esto indica que el Espíritu nos dice que no vayamos. En otra ocasión, quizás visitemos a alguien y sintamos como si estuviéramos bajo una hermosa unción; todo es apacible y agradable. Esta es la enseñanza que proviene de la unción del Espíritu. Cuanto más nos movamos con esta unción, más fuertes seremos, y tendremos un "amen" más firme en nuestro interior.

La enseñanza de la unción del Espíritu no tiene nada que ver con lo bueno y lo malo ni con lo que se debe o no se debe hacer ni con lo que es cierto o falso. Es un sentir de vida interno. Muchas personas siguen actuando según el principio del árbol de la ciencia del bien y el mal, el árbol del que Adán comió. Esto es andar conforme al principio del bien y el mal; sin embargo, la obra de Dios en Cristo es un asunto de vida y de la unción del Espíritu. Donde está la unción, allí hay vida. Mientras uno tenga la unción y la vida, todo es correcto y concuerda con el deseo de Dios. Aquellos que son versados y conocen muy bien las doctrinas de la Biblia, no necesariamente están más familiarizados con la manera en que Dios obra. Algunas veces un hermano o una hermana del campo puede saber más acerca de la manera en que obra el Señor. Quizás no tengan conocimiento, pero tienen vida. Si Dios no obrara así, sería injusto. Los campesinos iletrados estarían perdidos por no tener un conocimiento intelectual y no tendrían posibilidad de conocer la voluntad de Dios. Pero nuestro Dios no hace acepción de personas. Sea que tengamos el conocimiento intelectual o seamos eruditos o no muy versados, la enseñanza de la unción aún permanece en nosotros. Mientras andemos según la unción interior del Espíritu, sabremos cuál es la voluntad de Dios, y conoceremos la manera en que Dios obra.

LA UNCION Y LA LEY

En el Antiguo Testamento los hombres tenían la palabra de Dios, la ley. En el Nuevo Testamento los hombres también tienen la palabra de Dios, pero si esta palabra no tiene la unción del Espíritu, también es una ley. El Señor Jesús expresaba la palabra del Señor, pero esa palabra era espíritu y vida. Los apóstoles también presentaban la palabra de Dios, y esa palabra también era espíritu y vida. Pero cuando los fariseos hablaban la palabra de Dios, la unción del Espíritu no estaba presente, y esas palabras eran leyes muertas. Muchos practican el bautismo, la imposición de manos y el cubrirse la cabeza sólo porque la Biblia así lo indica. Estas cosas son la ley para ellos. Quien actúa según la letra de la Biblia es un discípulo de Moisés, no un cristiano. El cristiano tiene la unción del Señor. En el Cuerpo de Cristo no hay ley; sólo existe la unción del Señor. Por lo tanto, para vivir en el Cuerpo de Cristo, tenemos que andar de acuerdo con la unción del Espíritu, no según la letra. Tenemos que hacerlo todo en conformidad con la unción del Espíritu. Esto es lo que significa andar según la enseñanza del Espíritu.

LA MANERA DE SER UNGIDOS

¿Cómo recibimos la unción? El salmo 133 es un pasaje clave en el Antiguo Testamento con respecto a la unción. Debemos entender que los salmos del 120 al 134 son cánticos graduales o de ascenso. Son los cánticos que los israelitas cantaban tres veces al año, cuando subían de diferentes lugares para encontrarse con el Señor en Sion, que está en Jerusalén, la morada de Dios. Aunque estos cánticos son diferentes entre sí, tienen en común el hecho de que sean cánticos graduales o de ascenso. Mientras subían, la gente no hablaba de la economía, ni de la educación, la guerra ni la política. Sus corazones estaban puestos en Sion, en Dios. Salmos 133:1 dice: "¡Mirad cuán bueno y cuán delicioso es habitar los hermanos juntos en armonía!" Habitar en armonía es algo corporativo; no existe barrera ni separación. Ellos desecharon su desunión, su envidia y su odio. Esto es semejante al buen óleo derramado sobre la cabeza de Aarón, que desciende por la barba y llega hasta el borde de sus vestiduras. En esta condición ellos reciben la unción de Dios. Cuando el óleo desciende, los que están bajo la cabeza reciben la unción espontáneamente. El salmo 133 equivale a Efesios 4. Cuando estamos en el Cuerpo y somos diligentes en mantener la unidad del Espíritu, tenemos la unción del Espíritu. Todos tenemos que someternos a la Cabeza y vivir en el Cuerpo, si queremos recibir la unción. Muchos no reciben ninguna dirección por no estar en el lugar correcto. No están sujetos a la Cabeza ni se han sometido a la autoridad de la misma. Tampoco están en el Cuerpo. A fin de poder recibir la unción, primero tenemos que someternos a la Cabeza y vivir en el Cuerpo.

La comunión de los creyentes se basa en Cristo. Podemos tener comunión unos con otros porque Cristo es la vida y la Cabeza del Cuerpo. Además, el deleite que se tiene de esta comunión es el Espíritu. Cuanto más vivamos en la comunión del Cuerpo, más disfrutaremos de la unción del Espíritu. Pero existe una condición para esto: debemos permitir que la cruz ponga fin a nuestra carne y a nuestra vida natural de una manera cabal. El que un creyente pueda disfrutar esta comunión o no, depende de si su vida natural ha llegado a su fin. Nuestra carne sólo merece morir, sólo merece quedar en cenizas, ser puesta en la cruz. No podemos pensar por nuestra cuenta; no estamos calificados para sugerir nada de nosotros mismos. Debemos permitir que Cristo tenga absoluta soberanía sobre todas las cosas. Debemos permitir que El sea el Señor de una manera absoluta. Si nuestra vida natural es exterminada por la cruz y si nos sometemos a Cristo como Cabeza y vivimos la vida del Cuerpo, entonces tendremos la unción del Espíritu y disfrutaremos de la comunión del Cuerpo.

Capitulo ocho

EL ORDEN EN EL CUERPO

Lectura bíblica: Ro. 12:3-8; Ef. 4:9-16; Col. 2:19; 1 Co. 11:29

EL MINISTERIO DE LOS MIEMBROS

En 1 Corintios 12:18 dice: "Mas ahora Dios ha colocado los miembros cada uno de ellos en el cuerpo, como El quiso". Esto nos muestra que cada miembro tiene un lugar específico, una tarea específica y una posición específica en el Cuerpo. Cada miembro tiene una posición particular desde la cual sirve al Cuerpo de Cristo. Los ojos ven, los oídos oyen y la nariz huele. Cada órgano cumple su función, y cada uno tiene su porción. Los ojos sirven al Cuerpo al ver. Los oídos sirven al Cuerpo al escuchar. La nariz sirve al Cuerpo al oler. Cada uno tiene su propia responsabilidad, y ninguno puede reemplazar a otro. El miembro A no puede ser el miembro B, y el miembro B no puede ser el miembro C. Cada miembro tiene sus propias características y cada uno tiene su propia capacidad. Las características y las capacidades constituyen el lugar, la posición o el ministerio de cada miembro.

Las características de un miembro son el ministerio de ese miembro, ministerio que constituye a su vez el suministro que proporciona al Cuerpo. El ministerio de un miembro determina su lugar y su posición en el Cuerpo. La porción de cada miembro en el Cuerpo tiene como fin el Cuerpo en su totalidad, no el miembro mismo. Nuestro servicio en el Cuerpo de Cristo se basa en lo que hemos recibido del Señor de una manera particular. El conocimiento y la experiencia específicos que hemos adquirido del Señor vienen a ser el suministro que proporcionamos al Cuerpo. Sin embargo, muchos cristianos solamente han adquirido paja, que no es más que conocimiento que han oído y doctrinas que han estudiado. Estas son armas de paja; no son la espada del Espíritu, y quedará en evidencia que no tienen utilidad alguna cuando se presente una necesidad. Un teólogo menospreciaba a su esposa porque ella no conocía la Biblia, pero cuando su hijo se enfermó, él no podía guardar la calma. Su esposa, quien tenía un conocimiento mucho más profundo de Dios, tenía más confianza, paz y firmeza en su fe. Las doctrinas que obtenemos por medio del estudio no sirven de mucho. Sólo la vida que recibimos del Señor tiene valor y solamente ella abastece al Cuerpo.

FUNCIONAR EN ORDEN

Abastecemos al Cuerpo con la vida que hayamos recibido de la Cabeza, Cristo. No obstante, al ejercer nuestra función, debemos hacerlo adecuadamente y en orden. El orden en el Cuerpo es esencial para el crecimiento y para el ministerio. Cualquier dislocación o crecimiento desproporcionado de los miembros en el cuerpo físico, impide su desarrollo normal. Esto también se aplica al Cuerpo de Cristo. En la reunión, nadie le impedirá que hable. Pero uno debe hablar según su medida de fe y según lo guíe el Espíritu. Uno deberá saber si se sobrepasa en algo al hablar, y si se está extendiendo demasiado. Muchos miembros ambicionan ser cristianos famosos y obreros destacados, pero si algunos se desarrollan demasiado, otros no se desarrollarán normalmente. Esto no producirá el Cuerpo, sino un monstruo; el orden de Dios en la iglesia se verá afectado. Cuando verdaderamente nos ponemos bajo la autoridad de la Cabeza, El nos ubica en el lugar que nos corresponde en el Cuerpo y designa nuestra función específica.

En las organizaciones denominacionales, los líderes son seleccionados según sus antecedentes, experiencia, nivel social, educación, conocimientos, intelecto, elocuencia o talento. Pero puede ser que no tengan ninguna revelación, fe, ni experiencia en el Señor. Sólo pueden traer cosas naturales a la iglesia. Tales personas no traerán ninguna provisión para el Cuerpo, sino que le traerán muerte. El ministerio del Cuerpo no se determina por cosas naturales. Un miembro funciona en el Cuerpo según lo que haya recibido del Señor, "conforme a la medida de fe" (Ro. 12:3, 6), y también, conforme al orden establecido por Dios. Por lo tanto, necesitamos procurar la revelación y la experiencia de Cristo, para que tengamos con qué abastecer al Cuerpo; y tenemos que conocer el orden del Cuerpo, que es el modelo que Dios estableció en el Cuerpo. Debemos estar dispuestos a estar limitados por nuestra medida. Tan pronto la sobrepasamos, sobrepasamos la autoridad de la Cabeza y ya no estamos bajo la unción. Cada vez que sobrepasamos nuestra medida, alteramos el orden del Cuerpo. El Cuerpo de Cristo tiene una vida orgánica; opera sin ninguna intervención humana. Todos los miembros deben recibir la vida de la Cabeza y funcionar en el orden apropiado. Si nuestra relación con la Cabeza es adecuada, mantendremos espontáneamente nuestro lugar en el Cuerpo.

LOS APOSTOLES, PROFETAS, EVANGELISTAS, PASTORES Y MAESTROS

Efesios 4:11 habla de un grupo de personas que son dadas al Cuerpo; son dones que Dios dio a la iglesia, los cuales suministran a Cristo para la edificación del Cuerpo. Necesitamos prestar atención especial a este grupo de miembros.

Los apóstoles son el primer don que Dios designó en el Cuerpo de Cristo. Dios los envía para que sean representantes de la autoridad de la Cabeza y para ejecutar la voluntad de Dios en la tierra. Por lo tanto, en una iglesia que tenga el debido testimonio del Cuerpo, todos los creyentes deben someterse a la autoridad delegada. En el Antiguo Testamento Moisés no discutió con Coré cuando éste y su séquito rechazaron la autoridad de él como profeta de Dios. En lugar de eso, remitió el asunto a Dios, quien puso en claro que tocar al ungido del Señor era lo mismo que tocar al Señor mismo, y que rechazar la autoridad de Su profeta, equivalía a rechazar Su propia autoridad. El resultado de rechazar tal autoridad fue la muerte de los ofensores. Dios requiere que nos sometamos, no sólo a la autoridad directa del Señor, sino también a la autoridad de quienes representan Su autoridad en el Cuerpo. Cuando la Cabeza le ordena al brazo que se mueva, el dedo meñique tiene que moverse con todo el brazo. El brazo es un ejemplo de la autoridad delegada de Dios.

Debemos mantener nuestra posición en el Cuerpo, sujetos a la autoridad de Cristo como Cabeza, y a la autoridad de los miembros del Cuerpo a quienes Dios mismo, en Su providencia, ha dado Su autoridad. Es mucho más fácil inclinarnos ante la autoridad directa de Dios que ante la autoridad de Sus representantes en el Cuerpo. Inclinarnos a la autoridad de Su representante requiere mansedumbre y humildad. No podemos pasar por alto el orden de Dios sin recibir castigo, como vemos en la carta de Pablo a los corintios (1 Co. 11:29-30). Ningún pensamiento o acción individual tiene cabida en el Cuerpo de Cristo. El Cuerpo se mueve bajo la dirección de la Cabeza. Desobedecer la ley del Cuerpo produce debilidad y muerte.

Los profetas no sólo predicen eventos futuros, sino que también proclaman la intención de Dios. Dios los envía a Su pueblo para dar a conocer Sus pensamientos. El profeta más destacado del Antiguo Testamento no fue Isaías sino Elías, porque casi todas las palabras de Isaías fueron profecías, mientras que Elías principalmente daba a conocer lo que Dios se proponía a hacer. Cuando un profeta recibe una revelación del Señor, da a conocer la intención de Dios a Su pueblo. Un profeta es aquel que conoce y declara la intención de Dios, mientras que una persona que predice, lo único que hace es vaticinar eventos futuros. En el Cuerpo hay un grupo especial de ministros que conocen la intención de Dios y la comunican a Su pueblo. Estos también son autoridades delegadas por la Cabeza.

Los evangelistas dan a conocer las compasiones de Dios en Cristo, mientras que los pastores y maestros dan a conocer las riquezas en Cristo y suministran estas riquezas a otros. Cada uno de estos ministerios es una coyuntura del rico suministro (Ef. 4:16). Ellos reciben la vida de Dios y la comunican a todo el Cuerpo. Muchos cristianos dicen: “Yo estoy en comunión directa con la fuente; yo lo puedo recibir todo de la Cabeza personalmente”. Tener tal actitud es rechazar la autoridad del Señor, quien en Su providencia ha dispuesto que los miembros dependan, no sólo de El, sino también los unos de los otros.

¿Cómo sirven al Cuerpo “las coyunturas del rico suministro”? Primeramente, ellos deben ser personas que han pasado por cierto adiestramiento bajo la mano del Señor y han sido especialmente moldeados por las circunstancias que el Espíritu ha ordenado para ellos; también deben conocer a Cristo por experiencia. Han sido puestos a prueba, han sido instruidos por Cristo y están calificados para transmitir valores espirituales. Además, tienen una historia secreta de tribulaciones, y la cruz ha forjado en ellos aquello que ministran al Cuerpo.

LOS ANCIANOS

Además, en la asamblea local hay miembros que tienen el derecho de ejercer autoridad. No sólo se les ha dado autoridad, sino que tienen autoridad. Estos son los que tienen el oficio de ancianos. Ellos ocupan esta posición no meramente porque hayan sido nombrados ancianos, sino porque en realidad lo son. El Espíritu Santo manifiesta espontáneamente aquellos que son ancianos; lo único que el hombre puede hacer es identificarlos y confirmarlos. En una iglesia espiritual, los miembros más espirituales tienen el oficio de ancianos; mientras que en una iglesia carnal, dicho oficio lo tienen aquellos que tienen las mejores cualidades naturales. Cuando un hombre se casa y tiene un hijo, se convierte en padre. Nadie puede ser nombrado para ejercer el oficio de padre. Un hombre es padre o no lo es; nadie puede *hacerlo* padre. De la misma manera, nadie puede hacerse anciano. O se es anciano o no se es. Los ancianos tampoco son elegidos por medio de campañas ni elecciones; se manifiestan de un modo espontáneo por la madurez en vida. Ellos deben ser más puros de corazón, buscar las cosas espirituales y el crecimiento en las mismas. Su deber es ayudar a otros a obedecer a la Cabeza. Si una persona es anciano, todo lo que la iglesia debe hacer es reconocerlo y permitirle funcionar como le corresponde.

EL HOMBRE ES LA CABEZA DE LA MUJER

En lo que Dios ha dispuesto, el hombre es cabeza de la mujer. Por lo tanto, las hermanas no tienen ningún poder administrativo en la iglesia. Sin embargo, esto no significa que cualquier hombre puede ser la cabeza de la mujer; sólo aquellos que están bajo la autoridad de Cristo pueden ser cabeza de las hermanas. Cuando las hermanas se cubren la cabeza exhiben una señal de que ellas mantienen el orden en el Cuerpo, que se someten a Cristo y también a la autoridad del Cuerpo.

Siendo exactos, no existe autoridad en el Cuerpo mismo, pues toda la autoridad está en la Cabeza. La debilidad de la autodenominada iglesia consiste en que la autoridad se ha convertido en un asunto de posición, no de vida. En el Cuerpo de Cristo, la autoridad es un asunto de vida, no de posición. Si un miembro tiene autoridad, esto se debe a que esa autoridad ya ha sido forjada en él. El pasó por la disciplina de Dios, y la autoridad ha llegado a ser vida en él. Dios no ha designado a ciertos individuos para que actúen como ojos, oídos, boca, manos, etc. El logra que ellos sean estas cosas por la operación de la cruz. Si ellos *son* estos órganos, funcionan naturalmente como tales. Todo depende de la vida. Mientras obedezcamos la vida del Cuerpo, que fluye a medida que el Cuerpo mantiene su posición bajo la absoluta autoridad de la Cabeza, habrá un crecimiento continuo y perfectamente proporcionado. A menos que estemos verdaderamente en la vida del Cuerpo, no podrá haber un aumento en la medida de Cristo.

Ni los apóstoles ni los ancianos tienen autoridad en sí mismos; sólo tienen autoridad en la medida en que estén bajo la autoridad del Señor. Ejercen la autoridad en el Cuerpo al representar la autoridad de la Cabeza. Si los apóstoles y los ancianos tienen la mente de Dios, entonces tienen la autoridad de Dios, porque El sólo respalda aquello que El favorece. El respalda con Su autoridad lo que autoriza.

La vida del Cuerpo requiere un quebrantamiento severo de la vida natural. Todos debemos ser quebrantados para que estemos dispuestos a someternos a la autoridad delegada del Cuerpo y estar dispuestos a ministrar y recibir la ministración en el lugar que se nos haya asignado. Dios no puede permitir que falte la ley en Su iglesia, porque esto haría imposible el desarrollo del Cuerpo. Tampoco puede permitir que se levante por sí misma ninguna cabeza humana, porque también esto estorbaría el desarrollo del Cuerpo y negaría la posición de Cristo como Cabeza. Cualquier deseo de un creyente por ejercer autoridad es contrario a la vida del Cuerpo. Sólo Cristo es la Cabeza, y todos somos miembros los unos de los otros. Si alguno dice tener revelación acerca del Cuerpo, pero no está sujeto a la autoridad del Cuerpo ni se relaciona debidamente con los demás miembros, tal declaración es falsa. Una vez que verdaderamente veamos el Cuerpo, reconoceremos nuestra necesidad de obediencia y de una relación mutua. La sumisión es una característica sobresaliente de quienes están familiarizados con la vida del Cuerpo.

Dios hizo arreglos específicos e instituyó el orden en el Cuerpo de Cristo. Debemos ser cuidadosos para poder discernir el Cuerpo, como se nos exhorta en 1 Corintios 11:29. No podemos obrar descuidadamente en el Cuerpo ni hacer propuestas triviales ni propasarnos pensando que somos algo. Cada miembro debe estar en el debido orden y andar ordenadamente. La autoridad es ordenada por Dios; nadie puede ser una autoridad en sí mismo, y nadie puede elegir a otros para ponerlos en autoridad. La autoridad viene de lo que Dios dispone y redunda en beneficio de la vida del Cuerpo. Debemos entender claramente cuál es nuestra posición en el Cuerpo y debemos mantener esta posición. En la vida del Cuerpo, todos debemos andar según el orden que hay en él.

Capitulo nueve

EL PRINCIPIO DEL CUERPO

Lectura bíblica: Hch. 6:6; 8:4-5, 12, 14-17; 9:3-6; 10-12, 17; 19:6; Jac. 5:14-16; Mt. 18:15-16, 19-20; 1 Ti. 4:14; 5:22; 2 Ti. 1:6

LA IMPOSICION DE MANOS POR LOS APOSTOLES

Hay un ejemplo en Hechos 8 que nos muestra el principio del Cuerpo. En aquella época la iglesia en Jerusalén atravesaba una intensa persecución, y todos los discípulos fueron dispersados, excepto los apóstoles. Felipe no era apóstol; él simplemente se ocupaba de la distribución de los alimentos. Como estaba lleno de vida, descendió a Samaria y predicó el evangelio. Muchos creyeron y fueron bautizados, y hubo "gran gozo en aquella ciudad" (v. 8). Pero había una diferencia entre estos que habían sido salvos y los creyentes que estaban en Jerusalén. Estos recién salvos no estaban revestidos del Espíritu todavía. Por lo tanto, los apóstoles enviaron a Pedro y a Juan, como representantes, para suplir esta necesidad. Ellos impusieron las manos a los recién convertidos y de esta forma recibieron el Espíritu Santo.

¿Qué significa la imposición de manos? Según Levítico, cuando un hombre traía un sacrificio, tenía que poner sus manos sobre la ofrenda. Esto quiere decir que la imposición de manos es una señal de identificación. En muchas partes del Nuevo Testamento se habla de la imposición de manos. En 1 Timoteo 5:22 dice: "No impongas las manos apresuradamente a ninguno" para que no participemos, como Pablo explica, "en pecados ajenos". Esto nos demuestra una vez más que la imposición de manos significa identificación. Tenemos que ser cuidadosos, no sea que participemos "en pecados ajenos". En el Antiguo Testamento, cuando se nombraban reyes o profetas, se les imponían las manos y también se les ungía la cabeza. Por consiguiente, la imposición de manos tiene dos significados principales. Primeramente, pone a los creyentes bajo la unción de la Cabeza, y en segundo lugar, introduce a los creyentes en la comunión del Cuerpo.

Los apóstoles son los representantes de Dios. También son miembros representativos del Cuerpo de Cristo. Pedro y Juan al imponerles las manos a los creyentes de Samaria, los pusieron bajo la autoridad de la Cabeza y los introdujeron en la comunión del Cuerpo. Esto significa que fueron reconocidos como parte del Cuerpo. Una vez que fueron introducidos en el Cuerpo y puestos bajo la unción, el Espíritu Santo inmediatamente descendió sobre ellos. Si el Espíritu Santo hubiese descendido sobre los salvos de Samaria antes de que los apóstoles hubiesen llegado, Felipe se habría podido jactar de que Pedro y Juan tenían su obra en Jerusalén, pero que él tenía la suya en Samaria. Si ése hubiera sido el caso, los salvos de Samaria habrían quedado separados de los creyentes de Jerusalén. Si alguien hubiese considerado a Pedro el líder de Jerusalén y a Felipe el de Samaria, el principio del Cuerpo se habría quebrantado. Este acontecimiento en Samaria nos muestra que si no nos sometemos al Cuerpo, no podemos recibir la unción. No podemos recibir la unción si no reconocemos el Cuerpo. El Espíritu Santo no es dado a individuos, sino a los miembros del Cuerpo. La imposición de manos por parte de los apóstoles introdujo a los creyentes en la comunión del Cuerpo. Por lo tanto, la imposición de manos reconoce que hay unión, comunión y un solo Cuerpo. El Cuerpo es uno; así que, los miembros necesitan reconocer su dependencia, no sólo de la Cabeza, sino también los unos de los otros.

Hebreos 6:1-2 habla de seis asuntos que conforman "la palabra de los comienzos". La imposición de manos es uno de los seis asuntos fundamentales de la vida cristiana. Estos seis asuntos se pueden dividir en tres grupos. El primero de ellos incluye el arrepentimiento de obras muertas y la fe en Dios. Esta es una actitud o acción interior tomada por uno para consigo mismo o para con Dios. El tercer grupo incluye la resurrección de los muertos y el juicio eterno. Estas son enseñanzas que tienen que ver con asuntos futuros. El segundo grupo incluye el bautismo y la imposición de manos. Estos dos asuntos son testimonios exteriores. El bautismo y la imposición de manos son dos testimonios de la iglesia y son esenciales para aquellos que van "adelante a la madurez". No hemos descuidado cinco de estos asuntos, pero sí hemos descuidado uno: la imposición de manos. Aunque la Biblia no dice claramente que debemos practicar la imposición de manos, sí nos muestra que en la época de los apóstoles, el hombre recibía la imposición de manos tan pronto era salvo y bautizado. Por medio del bautismo entramos en Cristo. Por la imposición de manos entramos en el Cuerpo. Los creyentes no sólo son puestos en Cristo, sino también en el Cuerpo de Cristo. Esta es la posición que debemos adoptar. Sabemos que todo creyente debe partir el pan el día del Señor. El partimiento del pan refresca en nuestra memoria el significado del bautismo y de la imposición de manos. Por el bautismo damos testimonio del hecho de que nos hemos despojado de nosotros mismos y del mundo, y que hemos entrado en Cristo. Por medio de la imposición de manos, damos testimonio del hecho de que hemos abandonado la posición de individuos y hemos adoptado la posición de estar en el Cuerpo. Desde ese momento, aun si las circunstancias nos llevan a estar en un lugar aislado geográficamente, no estaremos solos, porque todo el Cuerpo estará con nosotros. Si sufrimos, todos los miembros sufrirán con nosotros, y podremos contar con que ellos vendrán en nuestra ayuda continuamente.

En el momento de la imposición de manos, si el Espíritu Santo inspira una oración profética por el que ha sido traído a la unción, entonces los puntos específicos expresados en profecía, caracterizarán la vida futura y el ministerio de esa persona. Tenemos un ejemplo de esto en el caso de Timoteo. Cuando Pablo y los ancianos le impusieron las manos, le fue dada una palabra profética, y más adelante Pablo exhortaba a Timoteo a no descuidar el don que se le había impartido, sino que lo avivara (1 Ti. 1:18; 4:14; 2 Ti. 1:6). Si verdaderamente tenemos una revelación del Cuerpo, necesitamos la imposición de manos. La imposición de manos es nuestro testimonio de la realidad del Cuerpo y nuestra entrega a la vida del Cuerpo. Por medio de esto declaramos que todo debe redundar en beneficio del Cuerpo y nada está dirigido al individuo. Si al Señor le place usarnos, alabémosle; si escoge a otro, debemos seguir alabándole. No hay cabida para la envidia en el Cuerpo de Cristo.

LA UNCION Y LA ORACION DE LOS ANCIANOS

En Jacobo 5:14-16 vemos la imposición de manos en relación con la enfermedad. En caso de enfermedad, Jacobo dice que se debe llamar a los ancianos de la iglesia. Necesitamos llamar a los ancianos, en lugar de llamar a los miembros de la iglesia que tengan el don de sanidad, porque los enfermos en este caso deben ser conducidos a la unción; los representantes de la iglesia son los que deben encargarse de un caso de éstos. Los pecados que se mencionan en el versículo 15, son pecados específicos; son pecados contra el Cuerpo. ¿Cómo sabemos que la enfermedad en este caso es una enfermedad especial y no una enfermedad común? Si sabemos el remedio que receta un doctor, podemos deducir la clase de enfermedad que un paciente pueda tener. Puesto que el paciente es traído para estar bajo la unción, podemos inferir con seguridad que la enfermedad del paciente se debió a que había abandonado su posición de estar bajo la unción. La Palabra de Dios declara explícitamente que muchos están débiles y enfermos, y muchos hasta han muerto, por no discernir el Cuerpo del Señor (1 Co. 11:29-30). Jacobo 5 presenta este caso. Si vivimos en la esfera del Cuerpo, entonces siempre estamos bajo la unción de la Cabeza. Pero en el momento que tomamos una postura independiente, nos alejamos de la unción y nos exponemos a la enfermedad y a la muerte. El pecado del hombre mencionado en Jacobo 5 debe de haber sido el pecado de separarse del Cuerpo. Si su pecado fuese sólo un pecado personal, podría haber sido perdonado al confiar en la sangre y confesarlo. No habría sido necesario pedir que los ancianos lo ungieran con aceite. El aceite que le aplican los ancianos no quita el pecado, pues sólo la sangre puede hacer eso. El versículo 15 dice que si tiene pecados, le serán perdonados;

sin embargo, el perdón se debe a la oración de los ancianos. Por lo tanto, no se trata de un pecado común; es el pecado de obrar en un camino contrario al Cuerpo. En consecuencia, es necesario pedir que los ancianos de la iglesia oren por él y lo unjan con aceite en el nombre del Señor para que pueda ser puesto de nuevo bajo la autoridad de la Cabeza y en el Cuerpo.

El versículo 16 dice: "Confesaos, pues, vuestros pecados unos a otros, y orad unos por otros, para que seáis sanados". Este versículo nos insta a confesar nuestros pecados unos a otros. Tenemos que confesarnos unos a otros cuando algo anda mal en el Cuerpo de Cristo. La esfera de la confesión corresponde a la esfera de la transgresión. Si solamente he pecado contra Dios, entonces debo confesarme ante El solamente. El pecado al que se alude en estos versículos es un pecado contra el Cuerpo. Puesto que algo ha fallado en el Cuerpo de Cristo, tanto el enfermo como los ancianos deben asumir la responsabilidad al respecto. El enfermo ofendió al Cuerpo, y los ancianos representan al Cuerpo. Por lo tanto, el enfermo tiene que confesar, y los ancianos tienen que hacer lo mismo. Obsérvese que la confesión es mutua. El enfermo confiesa, y también los ancianos confiesan. El enfermo reconoce que la enfermedad es el resultado de adoptar una postura independiente, y los ancianos reconocen que han fallado en el amor y no han velado; de no ser así, el enfermo no se habría alejado de la base del Cuerpo.

Después de la confesión mutua, tenemos la oración. "Orad unos por otros". Esto quiere decir que los ancianos oran por el enfermo, y el enfermo ora por los ancianos. El resultado es que el pecado es perdonado, y la enfermedad sanada. El Cuerpo se caracteriza por la mutualidad. ¿Pueden ver cómo se destaca el Cuerpo por la unción, la confesión y la oración? En el Cuerpo todos los miembros deben tener amor y humildad. Estar fuera del Cuerpo no sólo trae enfermedad física, sino también enfermedad espiritual. Los que se encuentran fuera del Cuerpo deben ver la importancia de regresar a la unción y de regresar al Cuerpo. Por medio de estos dos regresos recibirán ayuda de los demás miembros.

LA REVELACION QUE RECIBIO PABLO EN EL MOMENTO DE SU CONVERSION

En el caso de la conversión de Pablo tenemos un ejemplo más de la imposición de manos. Hechos 9 nos muestra dos características de la revelación que Pablo recibió cuando se convirtió. Cuando el Señor se le apareció en el camino a Damasco, le mostró que perseguir a los creyentes equivalía a perseguirlo a El (vs. 3-5). El Señor le preguntó: "¿Por qué me persigues?" El Señor no le preguntó: "¿Por qué persigues a los que creen en Mí?" Pablo respondió: "¿Quién eres, Señor?" El Señor le dijo: "Yo soy Jesús, a quien tú persigues". El Señor le mostró a Pablo que él estaba persiguiendo la Cabeza al perseguir a los miembros del Cuerpo. Cuando usted le hace daño a algún miembro del Cuerpo, le hace daño a la Cabeza. Todo pecado que agravia al Cuerpo, ofende a la Cabeza. Todos los creyentes del Señor son uno con El. Esta es la unidad que existe entre la Cabeza y el Cuerpo. Pablo fue el primero en ver el Cuerpo de Cristo. El día en que el Señor se le reveló, fue el día en que Pablo vio el Cuerpo.

Después de esta revelación tan elevada, el Señor le mandó que entrara en la ciudad, y le dijo que allí se le diría lo que debía hacer (v. 6). Esto también fue una revelación del Cuerpo. Después de esta revelación tan elevada, el Señor no le habló directamente, sino que lo remitió al Cuerpo. Cuando Pablo fue salvo, el Señor le mostró el principio del Cuerpo. Tres días después, el Señor envió un discípulo llamado Ananías para que le impusiera las manos, el cual le dijo: "Hermano Saulo, el Señor me ha enviado —Jesús, quien se te apareció en el camino por donde venías— para que recibas la vista y seas lleno del Espíritu santo" (v. 17). Ananías era un hermano común. No se sabe nada de él antes de este suceso. Cuando el Señor lo envió a Pablo, él dijo: "Hermano Saulo". Esto introdujo a Pablo en el Cuerpo de Cristo, lo llenó del Espíritu Santo y lo puso bajo la unción.

EL JUICIO DE DOS O TRES HERMANOS

Mateo 18:15-16 no se trata de si una persona tiene la razón o está equivocada. Ni siquiera se trata de si una persona considera que tiene la razón o no. Es acerca del testimonio de dos o tres hermanos. Si ellos dicen que usted está errado, entonces lo está. Por lo tanto, cuando otros hermanos le dicen que está equivocado, y usted no cree que lo esté, debe aceptar el veredicto de ellos y creer más en ellos que en usted mismo. Si dos o tres hermanos vienen en el nombre del Señor y le dicen algo, usted debe prestar atención.

En la iglesia hay cuatro grupos de personas que representan al Cuerpo. Ellos son: (1) los apóstoles, (2) los ancianos, (3) los que el Señor escoge especialmente y (4) estos dos o tres creyentes que se niegan a sí mismos y que vienen en el nombre del Señor. Cada uno de estos cuatro grupos representa a la iglesia. Si estamos equivocados, el Señor enviará a un creyente para que nos lo indique. Si no escuchamos a ese creyente, se lo dirá a otros dos o tres hermanos. Si aún así no les hacemos caso, debemos recibir la ayuda de los ancianos. No podemos actuar independientemente. Cuando haya problemas que no pueden ser solucionados, debemos acudir a los apóstoles. Ellos son designados por el Señor como representantes del Cuerpo. No podemos pasar por alto el Cuerpo, ni podemos pasar por alto a sus representantes. Que el Señor nos conceda la revelación del Cuerpo para que nos sometamos a Cristo, quien es la Cabeza, así como también a los representantes del Cuerpo.

CAPITULO DIEZ

LAS RIQUEZAS DEL CUERPO

Lectura bíblica: Dt. 32:30; Sal. 133; Ef. 1:23; 2:20-22; 3:10, 18-19; 4:13; 6:11; 1 Co. 12:27; Mt. 18:15-18

LA MEDIDA DE CRISTO

Las riquezas de Cristo son muy profundas. El es el Señor, Aquel que todo lo llena en todo (Ef. 1:23). En El están las riquezas inescrutables (3:8). La intención de Dios no es que estas riquezas profundas e infinitas se queden solamente en Cristo, sino que lleguen a ser las riquezas de la iglesia. Su intención es que la iglesia llegue a ser la plenitud de Aquel que todo lo llena en todo (Ef. 1:23). La iglesia es un vaso hecho para contener la vida de Cristo. Todas las riquezas del Hijo de Dios han sido depositadas en la iglesia. Las riquezas de Cristo son las riquezas del Cuerpo de Cristo. Ningún individuo ni ninguna multitud jamás podría llegar a contener tales riquezas. Se requiere una compañía corporativa para contener las riquezas de Cristo. Los pedazos de vidrio de un vaso quebrado pueden contener unas cuantas gotas de agua, pero se requiere el vaso completo para contener un vaso de agua completo.

La iglesia no es un montón de piedras, ni una masa de individuos sin ninguna relación entre sí, sino un "edificio" en el cual las piedras están "bien acopladas" para llegar a ser la "morada de Dios en el espíritu" (2:21-22). Este templo es edificado "sobre el fundamento de los apóstoles y profetas" (v. 20). En un sentido secundario, cada miembro es, a nivel individual, templo de Dios, pero únicamente el templo corporativo puede contener todas las riquezas de Dios.

Efesios 3:10 nos dice que dar a conocer la multiforme sabiduría de Dios a los principados y potestades es algo dado a la iglesia, y no a ningún individuo en particular. Los versículos 18 y 19 dicen que Dios hará que seamos "plenamente capaces de comprender con todos los santos cuál sea la anchura, la longitud, la altura y la profundidad, y de conocer el amor de Cristo, que excede a todo conocimiento". El amor de Cristo es tan rico que se necesita toda la iglesia para poderlo medir. Cristo no sólo está en cada miembro, sino que también está en el Cuerpo. Ningún miembro del Cuerpo de Cristo puede contener todas las riquezas de Cristo. Las riquezas de Cristo que recibimos individualmente son, en el mejor de los casos, bidimensionales, pero las riquezas de Cristo que la iglesia recibe son tridimensionales. Solamente el Cuerpo de Cristo tiene la capacidad de expresar las riquezas de Cristo. Necesitamos estar en el Cuerpo para comprender todas las riquezas que Cristo tiene en Su Cuerpo. No es "un solo" creyente, sino "todos" los creyentes juntos los que llegan "a la unidad de la fe y del pleno conocimiento del Hijo de Dios, a un hombre de plena madurez, a la medida de la estatura de la plenitud de Cristo" (4:13). En el capítulo seis se nos dice que nos vistamos "de toda la armadura de Dios" para que luchemos contra las huestes de las tinieblas. Sin embargo, la armadura para combatir no se le da a un solo creyente, sino a la iglesia. "Toda la armadura" la puede llevar únicamente el Cuerpo, no un solo miembro. La guerra espiritual se rige por el siguiente principio: uno perseguirá a mil, y dos harán huir a diez mil (Dt. 32:30).

De acuerdo con las matemáticas, si uno puede perseguir a mil, dos sólo podrían perseguir a dos mil. Pero en las matemáticas espirituales, uno persigue a mil, mientras que dos persiguen a diez mil. La fuerza de dos personas que se unen es cinco veces mayor que la de dos personas separadas. Dos es el menor número que puede expresar una entidad corporativa. Si dos personas persiguen al enemigo por separado, no derrotarán a diez mil. Este es el principio: la fuerza del Cuerpo como entidad colectiva es muy grande. A Dios le interesa el Cuerpo corporativo; no está interesado en la fuerza que usted tenga ni cuán poderoso sea como individuo. En tanto que usted sea un individuo separado de los demás, sólo podrá perseguir a mil. Pero si usted está unido a los demás, su fuerza se quintuplicará. Usted necesita ver que simplemente es un miembro. Usted es limitado y pobre, y necesita a los demás miembros.

"Porque allí envía Jehová bendición, y vida eterna" (Sal. 133:3). ¿Adónde envía Jehová bendición? Adonde los hermanos habitan en armonía (v. 1). Cuando el Cuerpo está bajo la unción, la vida fluye libremente desde la Cabeza hacia todos los miembros. Cristo no es la Cabeza de ninguna misión u organización; El es la Cabeza de Su iglesia exclusivamente. La Cabeza es únicamente Cabeza del Cuerpo. A menos que estemos cimentados en la base del Cuerpo, no podemos afirmar que Cristo sea nuestra Cabeza, y si no podemos decir que tenemos toda la autoridad de la Cabeza, tampoco podemos conocer la plenitud de la vida que proviene de la Cabeza. La bendición que es enviada cuando los hermanos habitan en armonía bajo la unción es "vida eterna", un arroyo de vida pleno, libre y constante.

LA IGLESIA LOCAL ES LA MANIFESTACION DEL CUERPO DE CRISTO EN LA TIERRA

Cuando Pablo escribió a un grupo de creyentes en Corinto, dijo: "Ahora bien, vosotros sois el Cuerpo de Cristo" (1 Co. 12:27). El Cuerpo de Cristo no sólo es universal, sino también local. Cada iglesia local es la manifestación del Cuerpo de Cristo en esa ciudad. Todas las riquezas de Cristo se han conferido a la iglesia local. La autoridad de la Cabeza se halla en la expresión local del Cuerpo. Los apóstoles y los ancianos de la iglesia local son los miembros representativos del Cuerpo, pero no son el Cuerpo. La totalidad de los creyentes de una localidad, y no sólo una sección, constituye la iglesia en ese lugar. La iglesia no es un solo miembro; en la localidad en donde esté, ella representa a todo el Cuerpo. Por lo tanto, cuando tocamos la iglesia local, tocamos el Cuerpo. Participar de la comunión en la iglesia local es participar de la comunión del Cuerpo de Cristo. El Cuerpo de Cristo no es una entidad abstracta o insondable, pues se manifiesta en las iglesias locales. Todo el que quiera vivir en el Cuerpo de una manera práctica, debe estar en las iglesias locales. Debe tener comunión con los santos de la localidad, ser edificado en la iglesia local y ser edificado con los demás miembros en mutualidad.

LA VOLUNTAD DE DIOS SE EXPRESA EN LA IGLESIA LOCAL

Cuando Cristo estuvo en la tierra, se refirió a la iglesia en dos ocasiones: en Mateo 16 y en Mateo 18. En la primera ocasión, El se refirió a la iglesia universal, y en la segunda, a la iglesia local. Al hablar de la autoridad de la iglesia local, dijo: "Si rehusa oírlos a ellos, dilo a la iglesia; y si también rehusa oír a la iglesia, tenle por gentil y recaudador de impuestos" (18:17). Este versículo nos muestra que la autoridad que tiene la iglesia se deriva del hecho de que representa a Cristo. Cristo concedió Su autoridad a la iglesia y la autorizó para ejecutar Su voluntad sobre la tierra. La Biblia nos muestra tres maneras en que una persona puede ser guiada por Dios: (1) La Palabra de Dios, la Biblia, (2) el Espíritu Santo que mora en nuestro interior, y (3) la iglesia en la localidad. La tercera manera es la más importante. La dirección obtenida de la Biblia y del Espíritu son individuales por naturaleza, pero la dirección de la iglesia local tiene un carácter corporativo. La iglesia local como expresión local del Cuerpo de Cristo, tiene a Cristo como Cabeza y, por lo tanto, puede conocer la mente de Cristo, la cual siempre se comunica con el Cuerpo. La iglesia local proclama que Cristo es la Cabeza. "De cierto os digo que todo lo que atéis en la tierra, habrá sido atado en el cielo; y todo lo que desatéis en la tierra, habrá sido desatado en el cielo" (v. 18). Una persona que ha visto el Cuerpo busca la comunión y acepta la dirección de la iglesia. Muchas veces la decisión de una iglesia rural es más sabia que la decisión que toma una iglesia urbana. Esto se debe a que tal decisión no se origina en la habilidad ni la sabiduría humana, sino en la búsqueda corporativa unánime. A fin de conocer la voluntad de Dios y Su deseo, no basta con leer la Biblia ni con hacer oraciones individuales. Tenemos que estar en la comunión de la iglesia local, vivir la vida del Cuerpo y seguir la dirección que Dios da en el Cuerpo.

LA IGLESIA LOCAL EJECUTA LA AUTORIDAD DEL CUERPO

Dios ha establecido a los ancianos como los representantes de Su autoridad en la iglesia local. Pero esto no implica que ellos lo abarquen todo. Los ancianos no deben ejercer ningún monopolio; ellos sólo son los que vigilan en la iglesia. Ellos van al lado de los santos para guiarlos a seguir adelante, para impedir actividades impropias y para fomentar las actividades apropiadas, a fin de que todo el Cuerpo esté activo. Hechos 12:5 dice: "Así que Pedro estaba custodiado en la cárcel; pero la iglesia hacía ferviente oración a Dios por él". Hoy la iglesia debe orar fervientemente por asuntos mundiales y por la condición de la nación. Esta oración incluye el ejercicio de la autoridad que Dios confirió al Cuerpo.

La iglesia ha perdido mucha revelación debido a que los creyentes buscan la luz de una manera individual en lugar de buscar la luz en el santuario. Cuando un hombre no ha visto el Cuerpo, pierde muchas bendiciones. Esta es una gran pérdida para la iglesia. Que el Señor nos muestre lo que es el Cuerpo a fin de que podamos vivir en el Cuerpo y recibir las riquezas del mismo. Cuando estamos en el Cuerpo, conocemos la voluntad de Dios, tenemos la autoridad del Cuerpo y experimentamos el poder del Cuerpo.

Capitulo once

EL MINISTERIO DEL CUERPO

Lectura bíblica: 1 Co. 12:4-31

LA REVELACION DE LO QUE ES EL CUERPO

El cristiano debe ver que él no sólo es un creyente, sino también un miembro del Cuerpo de Cristo. Puesto que es un miembro, necesita a los demás miembros. Es imposible que un miembro sobreviva sin los demás miembros. Para que un miembro sobreviva, necesita tener a los demás miembros. Muchos abandonan las denominaciones porque se dan cuenta de que el sectarismo es un error. Pero esto no basta; estas personas necesitan avanzar hasta ver el Cuerpo y entrar en él. La iglesia no es una organización ni una denominación, sino el Cuerpo viviente de Cristo. Un cristiano no es un miembro de una denominación, sino del Cuerpo de Cristo. Debemos ver que somos miembros del Cuerpo y que no podemos separarnos de los demás miembros. No podemos ser independientes, ni podemos avanzar sin los demás miembros.

EL MINISTERIO DE LOS MIEMBROS

El Cuerpo de Cristo se edifica por la suministración mutua de los miembros. Además de ver que somos miembros, necesitamos ver que cada miembro tiene un ministerio. Cada miembro del Cuerpo tiene una función específica, la cual es su ministerio. La forma verbal de la palabra *ministerio* significa "servir". El ministerio de un miembro es la porción especial que dicho miembro recibe de Cristo. El abastece al Cuerpo con esta porción especial. En esto consiste el servicio de los miembros. El Cuerpo es Cristo, y por ende, nuestro ministerio es simplemente Cristo. Todos los que pertenecen al Señor tienen una porción especial que han recibido de

Cristo, y cada porción tiene su rasgo específico. Este rasgo viene a ser la característica especial de su servicio. El servicio o ministerio que una persona ejerce para con otros se basa en el Cristo que esa persona tiene en su interior. Nadie puede servir con la doctrina que tenga en su intelecto; sólo puede suministrar al Cuerpo lo que haya recibido de Cristo. La medida de Cristo que tengamos determina la medida de nuestro ministerio. Nuestro ministerio se basa en dos factores: el Cristo que hemos ganado y los aspectos de Cristo que hemos obtenido, los cuales difieren de aquellos que otros miembros han ganado. Si todos conociéramos a Cristo de la misma forma general, ¿qué podríamos ministrarnos mutuamente? ¿Qué tendríamos que nos hiciera aptos para edificar el Cuerpo? Esto es lo que deben tener más presente todos los ministros.

El cristiano necesita un ministerio particularmente suyo, y no simplemente un ministerio general. Necesitamos ganar algo de Cristo que otros no hayan ganado. Esta ganancia específica es la que nos hace aptos para suplir lo que falta a otros miembros. El ministerio implica un conocimiento especial de Cristo; no un conocimiento general. Todos los órganos del cuerpo tienen una función particular. Los ojos ven, los oídos oyen y la nariz huele. Cada órgano tiene su función definida. En otras palabras, cada órgano tiene su porción especial. Algunos órganos pueden reemplazar temporalmente la función de otro, pero no es la función especializada a la cual se dedican. Por ejemplo, a veces usted puede usar su boca para recoger objetos, pero no puede dedicar su boca a esa actividad. Si los oídos no funcionan de acuerdo con su función particular, el Cuerpo no podrá oír, y el crecimiento del Cuerpo se verá afectado. Si usted ha obtenido algo especial y posee un conocimiento especial del Señor, podrá suministrarlo al Cuerpo. Si usted tiene un conocimiento especial del Señor, dicho conocimiento será su ministerio específico. Solamente los ministerios específicos pueden ser útiles al Cuerpo y hacer que el Cuerpo crezca. Es por esto que cada miembro debe continuamente buscar y obtener del Señor lo que falta al Cuerpo y debe transmitirlo al Cuerpo. Cuando todos los miembros cumplen su ministerio, el Cuerpo de Cristo crece.

EL ANHELO DE CONOCER Y EXPERIMENTAR AL SEÑOR

En 1 Corintios 12 se nos dice que todos los miembros deben anhelar los dones y los ministerios. Dios desea que miembros específicos cumplan ministerios específicos, a fin de usarlos como canales para que la vida del Señor fluya al Cuerpo y para que la medida del Cuerpo aumente por medio de ellos. Cuando la vida que recibimos del Señor fluye hacia el Cuerpo, la estatura del Cuerpo aumenta. Dios aumenta la medida de la estatura del Cuerpo por medio de los miembros. La señora Guyón, la señora Penn-Lewis, el hermano T. Austin-Sparks, entre otros, son miembros que tuvieron un conocimiento especial de Cristo. Por medio de ellos, Dios ha comunicado muchas riquezas de vida al Cuerpo. Cada miembro debe aprender y conocer algo específico delante del Señor, para que cada uno pueda tener un ministerio específico. Sin un ministerio, es inútil hablar de los dones. Muchos prestan demasiada atención a los dones, como si los dones constituyeran nuestro ministerio. Pero nuestro ministerio es Cristo; los dones son sólo el medio por el cual ministramos. Dos personas pueden usar la misma cuchara para darle de comer a un niño, pero la alimentación de este niño depende de lo que se ponga en la cuchara, no del tipo de cuchara que se utilice. No impartimos nuestros dones a la iglesia; impartimos a Cristo. Nuestros dones no son más que el medio por el cual lo impartimos. Lo que ministramos al Cuerpo es Cristo, y lo que el Cuerpo recibe es a Cristo, porque en el Cuerpo Cristo lo es todo y en todos.

Una ministración específica resulta de haber recibido experiencias específicas, de haber sido quebrantado y disciplinado personalmente por el Espíritu Santo. Tales experiencias, tal quebrantamiento y tal disciplina son el fruto de un conocimiento específico de Cristo. Con este conocimiento servimos a la iglesia ejerciendo los dones. Necesitamos recibir poder del Espíritu Santo y presentar a la iglesia el Cristo que conocemos valiéndonos de la operación de dicho poder. Nuestro ministerio es un ministerio de vida. No menospreciamos los dones, pero el ministerio es el que dirige los dones, y no los dones al ministerio. Si tenemos un don sin ministerio, seremos desviados por dicho don y no podremos ser de ninguna ayuda al Cuerpo. Lo que el Cuerpo necesita hoy no son los dones sino el ministerio. Pero para esto, debemos primero descubrir cuál es el ministerio específico que el Señor nos ha designado. Sólo entonces debemos procurar ser equipados con los dones a fin de llevar a cabo nuestro ministerio.

PRIMERO LA VIDA, LUEGO LAS DOCTRINAS

Nuestro servicio en el Cuerpo de Cristo se basa en el conocimiento que tengamos de Cristo. Este conocimiento proviene de nuestra experiencia de vida, no de las doctrinas. Dios primeramente nos da vida y luego las doctrinas. La vida viene primero, y las doctrinas después. La Biblia nos muestra que Abraham hizo una contribución especial al Cuerpo en lo relacionado con la fe. Esto no provino de una enseñanza acerca de la fe, ni de comunicarle una doctrina a otros. Provino de las experiencias en las que Abraham aprendió a confiar en Dios. Lo que fue forjando en él por el fuego de las aflicciones, fue finalmente ministrado por medio de él para el beneficio de todo el Cuerpo. Primero tenemos la vida y la lección de la fe, y después la doctrina de la fe. ¿Cómo pudo llegar a ser apto Martín Lutero para enseñar a la iglesia en cuanto a la verdad de que "el justo por su fe vivirá" (Hab. 2:4)? El no llegó a ser apto por haber estudiado la Biblia diligentemente como un libro de texto para después comunicar el conocimiento recibido, sino que llegó a estar calificado por haber pasado por muchos sufrimientos y aflicciones. Cuando sus rodillas estaban heridas de tanto arrodillarse y cuando su esperanza de ser justo había desaparecido, el Señor le reveló de una manera viviente que el hombre es justificado por la fe. Después de tener esta experiencia, él recibió la doctrina de la justificación por la fe. La doctrina es necesaria, pero la doctrina debe llegar después de la experiencia, no debe precederla. Primero debe venir la vida, y luego debe seguir la doctrina. Primero debe estar la experiencia, y luego debe venir la enseñanza. El orden del Nuevo Testamento es, en primer lugar los evangelios (hechos), y luego las epístolas (doctrinas). Primero tenemos la vida de Cristo, y después tenemos Sus enseñanzas. No debemos pasarnos todo el tiempo estudiando, analizando e investigando una doctrina; éstas son obras de paja y se desharán cuando venga la prueba. Lo único que tiene utilidad es lo que Dios ha forjado en nosotros, y solamente esto puede abastecer a otros. La única forma de comunicarnos con otros de una manera viviente es transmitir aquello que hemos aprendido por experiencia. La disciplina, los sufrimientos y las pruebas son los medios que Dios utiliza para forjar la palabra en nosotros a fin de que tengamos algo que suministrar al Cuerpo. Si deseamos ser ministros que edifiquen el Cuerpo de Cristo, no debemos huir de ninguna prueba, disciplina ni quebrantamiento.

PRIMERA EPISTOLA A LOS CORINTIOS 12

La Primera Epístola a los Corintios 12:4-30 se divide en cuatro secciones:

(1) Tema—vs. 4-6: dones, ministerios y funciones.

(2) Los dones del Espíritu Santo—vs. 7-11: el énfasis principal está en el Espíritu Santo.

(3) El ministerio del Señor—vs. 12-27: el énfasis principal está en Cristo.

(4) La obra de Dios—vs. 28-30: el énfasis principal está en Dios.

El comienzo de cada sección menciona las divisiones principales, mientras que el tema específico puede observarse en el tema general de esa sección. Los dones se relacionan con el Espíritu Santo, mientras que la ministración se relaciona con Cristo. Los ministerios actúan por medio de los dones del Espíritu Santo. Los dones son los vasos que perfeccionan a los ministerios para que sea edificado el Cuerpo de Cristo. La meta de los dones es producir los ministerios y por medio de éstos impartir en otros el Cristo que la iglesia ha conocido y ganado. La mayoría de los avivamientos hoy tienen dones pero no ministerios. Es inútil ejercitar los dones todo el día, pues tenemos que ver que los dones son secundarios. Lo primordial es los ministerios. Cuando tenemos un ministerio, podemos servir al Cuerpo y hacer que crezca.

LA INFLUENCIA MUTUA DE LOS MIEMBROS

Todos los miembros del Cuerpo de Cristo influyen los unos en los otros. Si un miembro sufre, espontáneamente todos los miembros sufren. A veces nos sentimos fuertes. Esto se debe a que se nos ha transmitido fuerza de los demás miembros. Todo miembro puede afectar a los demás. Es por esto que no debemos vivir por nuestra cuenta, sino que debemos asirnos a la Cabeza y buscar la comunión. Dios transmite la vida al Cuerpo a través de cada miembro. Si la vida se detiene en usted, no podrá suministrar vida a otros, y la iglesia sufrirá daño. El fracaso de cada individuo perjudica a la iglesia. Por consiguiente, cuando un miembro sufre en el Cuerpo de Cristo, todos los miembros sufren con él. Todo miembro afecta a los demás de una manera u otra. Por lo tanto, debemos permanecer en la comunión del Cuerpo en todo lo que hagamos. Si tenemos experiencias positivas, éstas sirven para transmitir una provisión al Cuerpo. Si nos encontramos en una situación adversa, debemos darnos cuenta de que esto también afecta a los otros miembros del Cuerpo.

EN EL CUERPO, POR EL CUERPO Y PARA EL CUERPO

Todo lo que tenemos está en el Cuerpo, lo obtenemos por el Cuerpo y su objetivo es el Cuerpo. En 1925 el hermano T. Austin-Sparks fue invitado a los Estados Unidos. Allí conoció a una hermana que había aprendido muchas lecciones por las enfermedades que había atravesado y quien, por eso mismo, había ayudado a muchas personas. Ella tenía un ministerio de vida y era una persona que suministraba vida a los demás. Las lecciones que ella aprendió las aprendió en el Cuerpo, por medio del Cuerpo y para el Cuerpo. Esta debe ser nuestra norma. Que el Señor nos libere del individualismo y nos conduzca al Cuerpo. Que El nos muestre el Cuerpo, y que nosotros podamos servir a Su Cuerpo con un ministerio que se base en el conocimiento de Cristo que tengamos.